AF600515

THE CATHOLIC UNIVERSITY OF AMERICA
CANON LAW STUDIES
No. 164

DE ABSOLUTIONE COMPLICIS IN PECCATO TURPI

AUCTORE

R. D. LEONE IACOBO LINAHEN, S.T.L., I.C.L.
Sacerdote Archidioecesis Portlandensis in Oregon

DISSERTATIO
Iudicio Facultatis Iuris Canonici
Universitatis Catholicae Americae Septentrionalis
Submissa
Tamquam Scriptum Publici Periculi Experimentum

AD
LAUREAM
IN
IURE CANONICO
ASSEQUENDAM

UNIVERSITAS CATHOLICA AMERICAE
WASHINGTONII, D. C.
1942

NIHIL OBSTAT:
LUDOVICUS MOTRY,
Censor Deputatus ad hoc.

IMPRIMATUR:
✠ EDUARDUS D. HOWARD,
Archiepiscopus Portlandensis in Oregon.
Portlandiae in Oregon, die 1 iulii, 1942.

PRINTED IN THE UNITED STATES OF AMERICA
BY THE WATKINS PRINTING CO., BALTIMORE

INDEX RERUM

PROOEMIUM

Ecclesia, pia mater et provida, exinanientis se Christi ditissima haeres, Spiritus Sancti informata consilio, prodigos egenosque filios domum redeuntes ferventissimo amplectitur amore; fragilitatis conscia nec perversitatis ignara humanae, parvulis sauciatis et flentibus Poenitentiae Sacramentum administrat prompta consolatrix. Semper parata quidem peccati dolore oppressos exonerare, generosaque absolutionis sacramentalis manu poenitentium ingentia gravamina allevare, thesaurorum tamen dispensatores cura sacra atque vigilantia tueri eosque a levissima iniuria sive propria sive aliorum arcere summopere studet. Ne ergo confessarii, dolo decepti diabolico summave fracti fragilitate, hoc Sacramento vel unquam abuterentur, medici venenum ceu vitam proferentes, vindex acris semper exstitit et exstat Ecclesia huius secundae post naufragium salutis tabulae.

Opusculum praesens unius huiusmodi delictorum lineamenta describere conatur, absolutionis nempe complicis in peccato turpi, et poenas in idem statutas examinare. Afferuntur excerpta Constitutionum Benedicti XIV, qui primus pro universali ecclesia in hac materia monumentum quasi perpetuum exstruxit. Considerantur leges particulares has universales praecedentes. Adduntur decreta et responsa Congregationum Romanarum quae temporis lapsu illam primam Benedictinam disciplinam perfectiorem reddiderunt. Adiicitur demum commentarium breve de canonibus Codicis Iuris Canonici qui materiam hodie tractant.

Auctori denique permultum placet iuris publici facere debita ei incumbentia; multiplicia sunt, eaque sincere confitetur: Ordinario suo Revmo, qui opportunitatem ei primo dedit proficiendi studia ad lauream assequendam; Decano et professoribus Scholae Iuris Canonici, qui omnes, tum in aulis tum in opusculi praeparatione, studiosos semper se praebebant ei auxilio esse; consociis, quoque et amicis, vel scholae vel aliunde, qui numquam etiam in minimis deerant ut opus, modestum ut sit, compleretur. Dominus eis omnibus provideat.

CAPUT I

LEGES UNIVERSALES DE ABSOLUTIONE COMPLICIS IN PECCATO TURPI AGENTES

Inspicienda est in primis materia circa quam agetur; aptissime coarctatur in cc. 884 et 2367 Codicis Iuris Canonici, et in Constitutionibus tum Benedicti XIV tum Pii IX ex quibus dicti canones originem ducunt. Iuvabit hic, in ingressu, quaedam saltem ex his fontibus ac canonibus citare, ne ansa futurae dubitationi praebeatur. Quae proprius ad medullam pertinent de verbo in verbum sequuntur.

Constitutio Benedicti PP. XIV "*Sacramentum Poenitentiae,*" 1 iun. 1741.

4. Demum magnopere cupientes a sacerdotalis iudicii, et sacri tribunalis sanctitate omnem turpitudinis occasionem, et Sacramentorum contemptum, et Ecclesiae iniuriam longe submovere, et tam exitiosa huiusmodi mala prorsus eliminare, et quantum in Domino possumus, animarum periculis occurrere, quas sacrilegi quidam, daemonis potius, quam Dei ministri, loco eas per Sacramentum Creatori suo ac nostro reconciliandi, maiori peccatorum mole onerantes, in profundum iniquitatis barathrum nefarie submergunt, nonnullorum Venerabilium Fratrum Nostrorum Sanctae Romanae Ecclesiae Cardinalium, et aliquorum in theologia Magistrorum consilio desuper adhibito, accedentibus quoque iteratis plurium Episcoporum supplicationibus, hac Nostra in perpetuum valitura sanctione, quemadmodum a pluribus Episcopis per synodales suas constitutiones iam factum esse novimus, omnibus et singulis sacerdotibus, tam saecularibus quam regularibus cuiuscumque Ordinis, ac dignitatis, tametsi alioquin ad confessiones excipiendas approbatis, et quovis privilegio et indulto, etiam speciali expressione, et specialissima nota et mentione digno suffultis, auctoritate Apostolica, et Nostrae potestatis plenitudine interdicimus et prohibemus, ne aliquis eorum, extra casum extremae necessitatis, nimirum in ipsius mortis articulo, et deficiente tunc quocumque alio sacerdote qui confessarii munus obire possit, confessionem sacramentalem

personae complicis in peccato turpi atque inhonesto, contra sextum Decalogi praeceptum commisso, excipere audeat, sublata propterea illi ipso iure quacumque auctoritate et iurisdictione ad qualemcumque personam ab huiusmodi culpa absolvendam; adeo quidem, ut absolutio, si quam impertierit, nulla atque irrita omnino sit, tanquam impertita a sacerdote, qui iurisdictione ac facultate ad valide absolvendum necessaria privatus existit, quam ei per praesentes has Nostras adimere intendimus; et nihilominus, si quis confessarius secus facere ausus fuerit, maioris quoque excommunicationis poenam, a qua absolvendi potestatem Nobis solis, Nostrisque Successoribus dumtaxat reservamus, ipso facto incurrat.

5. Declarantes etiam, et decernentes, quod nec etiam in vim cuiuscumque Iubilaei, aut etiam Bullae, quae appellatur Cruciatae Sanctae, aut alterius cuiuslibet indulti, confessionem dicti complicis huiusmodi quisquam valeat excipere, eique sacramentalem absolutionem elargiri; cum ad hunc effectum, et in hoc casu, nullus confessarius, utpote qui in huiusmodi peccati, et poenitentis genere, iurisdictione, ut praefertur, careat, et absolvendi facultate a Nobis privatus existat, habendus sit pro confessario legitimo, et approbato. Non obstantibus Constitutionibus, et Ordinationibus Apostolicis, praesertim quae nuncupantur Cruciatae Sanctae, vel Iubilaei Universalis et plenarii, necnon quibusvis Ecclesiarum, et monasteriorum, et Ordinum quorumlibet, quorum ipsi sacerdotes fuerint, etiam iuramento, confirmatione Apostolica, vel quavis firmitate alia roboratis, statutis, et consuetudinibus, privilegiis quoque, indultis, et Litteris Apostolicis, sub quibuscumque tenoribus et formis, ac cum quibusvis clausulis, et decretis, etiam motu proprio, aut alias quomodolibet concessis, etiam iteratis vicibus approbatis, et innovatis; quibus omnibus, eorum tenores praesentibus pro expressis habentes, hac vice dumtaxat specialiter et expresse derogamus, ceterisque contrariis quibuscumque.

Desumpta ex Documento V Codici adnexo.

Constitutio Benedicti PP. XIV "*Apostolici Muneris,*" 8 febr. 1745.

2. . . . edicimus ac declaramus, ita interdici re ipsa et prohiberi praedicto modo tunc audire et absolvere, ut si alius aliquis Sacerdos

non defuerit, etiamsi forte iste alius simplex tantum modo Sacerdos fuerit, sive alias ad Confessiones audiendas non approbatus, possit nihilominus ipse Sacerdos simplex Confessionem excipere ac absolutionem impertiri.

3. Porro, si casus urgentis qualitas, et concurrentes circumstantiae, quae vitari non possint, eiusmodi fuerint, ut alius Sacerdos ad audiendam constitutae in dicto articulo personae Confessionem vocari, aut accedere, sine gravi aliqua exoritura infamia vel scandalo nequeat; tunc alium Sacerdotem perinde haberi, censerique posse, ac si revera abesset, atque deficere ac proinde in eo rerum statu, non prohiberi socio criminis Sacerdoti absolutionem poenitenti ab eo quoque crimine impertiri. Sciat autem complex eiusmodi Sacerdos, et serio animadvertat, fore se re ipsa coram Deo, qui irrideri non potest, reum gravis adversus praedictam nostram Constitutionem inobedientiae, latisque in ea poenis obnoxium, si praedictae infamiae, aut scandali pericula sibi ultro ipse confingat, ubi non sunt: imo intelligat, teneri se graviter huiusmodi pericula, quantum in se erit, antevertere, vel removere, opportunis adhibitis mediis, unde fiat, ut alteri cuivis Sacerdoti locus pateat illius confessionis, absque ullius infamia vel scandalo, audiendae. Ita enim ipsum teneri vigore memoratae nostrae Constitutionis declaramus; et nunc quoque ita ipsi faciendum esse districte mandamus et praecipimus.

4. Quod si idem Sacerdos aut quovis modo sese nulla gravi necessitate compulsus ingesserit, aut, ubi infamiae vel scandali periculum timetur, si alterius Sacerdotis opera requirenda sit, ipse ad id periculum avertendum congrua media adhibere de industria neglexerit, atque ita personae in dicto crimine complicis, eoque in articulo, ut praefertur, constitutae Sacramentalem Confessionem excipere, ab eoque crimine absolutionem largiri, nulla, sicut praemittitur, necessaria causa cogente, praesumpserit; quamvis huiusmodi absolutio valida futura sit, dummodo ex parte poenitentis dispositiones a Christo Domino ad Sacramenti Poenitentiae valorem requisitae non defuerint: non intendimus enim pro formidando mortis articulo eidem Sacerdoti, quantumvis indigno, necessariam iurisdictionem auferre, ne hac ipsa occasione aliquis pereat, nihilominus Sacerdos

ipse violatae ausu eiusmodi temerario Legis poenas nequaquam effugiet; ac propterea latam in dicta Constitutione maiorem excommunicationem, eodemque plane modo, quo ibidem decernitur, Nobis et huic Sanctae Sedi reservatam, incurret, prout illum eo ipso incurrere declaramus, volumus, atque statuimus.

Desumpta ex Codicis Iuris Canonici Fontibus, (9 voll. Romae: ex Typis Polyglottis Vaticanis, 1923-1939), N. 355.

Ep. encycl. Benedicti PP. XIV "*Inter Praeteritos,*" 28 nov. 1749.

58. Publicata fuit a Nobis Apostolica Constitutio, quae incipit "*Sacramentum Poenitentiae*" . . . , in qua quemcumque confessarium omni auctoritate ac iurisdictione absolvendi personam complicem in peccato turpi et inhonesto contra sextum decalogi praeceptum privavimus, adeo ut absolutio ab eodem data nulla atque invalida remaneat, tamquam ab eo data qui a Nobis iurisdictione ad absolvendum necessaria in eo casu privatus est.

59. Casum articuli mortis, et in quo nullus alius esset sacerdos, qui personae moribundae confessionem audire posset, excepimus; exinde vero aliam Constitutionem, cujus initium "*Apostolicae muneris*" . . . , publicavimus, in qua explicantem casum articuli mortis, et in quo nullus alius, praeter sacerdotem complicem, adesset, qui poenitentem personam moribundam absolvere posset, adiunximus quod in dictis circumstantiis posset complex absolvere, etiamsi alius esset sacerdos cui tamen, si moribundus confiteretur, posset exinde infamia aut scandalum in sacerdotis complicis aut personae poenitentis praeiudicium redundare: dummodo infamia esset vera, et scandalum etiam esset verum, et non sacerdotis complicis praetextum esset. Huic porro onus imposuimus omnem diligentiam adhibendi ad infamiam et scandalum removendum. Praeterea non minus sacerdoti complici, qui vel extra mortis articulum confessionem excipit poenitentis, eumque absolvit, vel qui in articulo mortis absolvit, cum alius sacerdos non desit, sive qui, cum alius sit sacerdos, sibi fingit quod, si poenitens illi confiteatur, infamia aut scandalum inde oriturum sit, et ideo ejus confessionem excipit, atque eum absolvit, excommunicationis maioris poena a Nobis in citatis Constitutionibus imposita fuit, cuius absolutionem Nobis solis ac Successoribus nostris reservavimus.

60. Cessant itaque per has leges a Nobis editas quaestiones illae veteres, num absolutio a sacerdote complice poenitenti socio in peccato contra sextum decalogi praeceptum data, valida an invalida, licita an illicita sit. Et quia, quo tempore citatam nostram Constitutionem "*Sacramentum Poenitentiae*" condidimus, consideravimus quod, cum occasione Iubilaeorum ampla confessariis facultas detur excipiendi confessiones, et a quolibet enormi peccato absolvendi, institui questio potuisset, num forsan pro tempore Iubilaei restituta esset confessario complici facultas socium poenitentem absolvendi; in dicta Constitutione declaravimus, quod, cum ipse a Nobis iurisdictione complicem absolvendi privatus sit, adeoque ob id tamquam confessarius legitimus et approbatus haberi non debeat, hinc est quod in quocumque Iubilaeo censendus est in eodem gradu remanere, inhabilitatus nimirum et exutus auctoritate complicem in peccato turpi et inhonesto absolvendi. Atque ad haec respicit primum ex monitis, de quibus hic agimus.

Desumpta ex Codicis Iuris Canonici Fontibus, N. 404.

Constitutio Benedicti PP. XIV "*Convocatis*," 25 nov. 1749.

XXIII. Primo itaque meminerint, nulli penitus Confessario dari in praesenti Iubilaeo, aut in quovis alio, facultatem absolvendi complicem in quolibet inhonesto contra sextum praeceptum peccato; atque omnem Confessarium, respectu huiusmodi complicum, esse omni tum iurisdictione, tum approbatione destitutum, et prorsus ineligibilem, cuiuscumque Iubilaei, sive Indulti beneficio, ad normam Constitutionis Nostrae incipien. "*Sacramentum Poenitentiae,*" anno Incarnationis Dominicae MDCCXLI Kalendis Iunii, Pontificatus Nostri anno primo editae.

Desumpta ex Codicis Iuris Canonici Fontibus, N. 402.

Litterae Encyclicae Benedicti PP. XIV "*Benedictus Deus,*" 25 dec. 1750.

5. Non intendimus autem per praesentes . . . ulli Confessario facultatem absolvendi Complicem in quolibet inhonesto contra sextum Praeceptum peccato; aut Complici, Confessarium huiusmodi ad effectum praesentium eligendi licentiam impertiri; ut iam

in aliis Nostris Litteris incipien. "*Sacramentum Poenitentiae,*" anno Incarnationis Dominicae MDCCXLI, Kalendis Iunii, Pontificatus Nostri Anno Primo editis, generaliter declaratum fuit.

Desumpta ex Codicis Iuris Canonici Fontibus, N. 409.

Constitutio Pii PP. IX "*Apostolicae Sedis,*" 12 oct. 1869.

. . . re diu ac mature perpensa, motu proprio, certa scientia, matura deliberatione Nostra, deque Apostolicae Nostrae potestatis plenitudine, hac perpetuo valitura Constitutione decernimus, ut ex quibuscumque censuris sive excommunicationis, sive suspensionis, sive interdicti, quae per modum latae sententiae, ipsoque facto incurrendae, hactenus impositae sunt, non nisi illae quas in hac ipsa Constitutione inserimus, eoque modo quo inserimus, robur exinde habeant: simul declarantes easdem non modo ex veterum Canonum auctoritate, quatenus cum hac Nostra Constitutione conveniunt, verum etiam ex hac ipsa Constitutione Nostra, non secus ac si primum editae ab ea fuerint, vim suam prorsus accipere debere.

Excommunicationes latae sententiae speciali modo Romano Pontifici reservatae.

X. Absolventes complicem in peccato turpi, etiam in mortis articulo, si alius Sacerdos, licet non approbatus ad confessiones, sine gravi aliqua exoritura infamia et scandalo, possit excipere morientis confessionem.

Desumpta ex Codicis Iuris Canonici Fontibus, N. 552.

Canon 884. Absolutio complicis in peccato turpi invalida est, praeterquam in mortis periculo; et etiam in periculo mortis, extra casum necessitatis, est ex parte confessarii illicita ad normam constitutionum apostolicarum et nominatim constitutionis Benedicti XIV *Sacramentum Poenitentiae,* 1 iun. 1741.

Canon 2367. 1. Absolvens vel fingens absolvere complicem in peccato turpi incurrit ipso facto in excommunicationem specialissimo modo Sedi Apostolicae reservatam; idque etiam in mortis articulo, si alius sacerdos, licet non approbatus ad confessiones,

sine gravi aliqua exoritura infamia et scandalo, possit excipere morientis confessionem, excepto casu quo moribundus recuset alii confiteri.

2. Eandem excommunicationem non effugit absolvens vel fingens absolvere complicem qui peccatum quidem complicitatis, a quo nondum est absolutus, non confitetur, sed ideo ita se gerit, quia ad id a complice confessario sive directe sive indirecte inductus est.

Desumpti ex Codice Iuris Canonici.

Caput II

LEGES PARTICULARES DE RE LATAE ANTE CONSTITUTIONEM BENEDICTI DECIMI QUARTI "*SACRAMENTUM POENITENTIAE*"

Inter comperta habetur praesens thema fontem et originem habuisse Constitutionem "*Sacramentum Poenitentiae*" Benedicti XIV, diei 1 Iunii, 1741. Nam ante hanc Constitutionem nulla hac de re invenitur lex generalis. Firmatur assertio eo ipso quod in opere suo celeberrimo, "*De Synodo Dioecesana,*" Benedictus ipse nos edocet "statim ac nos ad Petri cathedram evecti . . . *universali lege* ediximus, ne ullus Confessarius . . . (confessionem complicis) . . . excipere audeat . . . , " cum reliquis verbis uti in dicta Constitutione inveniuntur.[1] Et haec posuit immediate postquam notavit existentiam aliquarum legum particularium de re agentium.[2]

[1] Benedicti XIV Pont. Opt. Max. *De Synodo Dioecesana Libri Tredicim* (Romae: ex Typographia Jo. Baptistae Cannetti, 1783), lib. VII, Caput XIV, "De Confessione, quam nonnullae Synodi excipiendam prohibent Confessario, qui est in opere carnali complex criminis cum Poenitente peracti." n. 4.

[2] Cf. quasdam notas historicas apud: Cappello, *Tractatus Canonico-Moralis de Censuris* (ed. III, Taurinorum-Augustae-Romae: Marietti, 1938), n. 187; *Tractatus Canonico-Moralis de Sacramentis* (ed. III, Taurinorum-Augustae-Romae: Marietti, 1938), II, 1, n. 639; Chelodi, *Ius Poenale* (ed. IV, Tridenti: Libreria Moderna Editrice A. Ardesi, 1935), n. 90; Coronata *Institutiones Iuris Canonici* (Vol. IV, Taurinorum Augustae-Romae: Marietti, 1935), n. 2092; De Smet, *De Absolutione Complicis et Sollicitatione* (ed. II, Brugis: Car. Beyaert, 1921), n. 1, nota 1; Pennacchi, *Commentaria in Constitutionem* "Apostolicae Sedis" (Romae: ex Typographia Polyglotta S. Congr. de Propaganda Fide, 1883), p. 306, nota 1; Salucci, *Il Diritto Penale secondo il Diritto Canonico* (Subiaco: Tipografia dei Monasteri, Vol. I, 1926; Vol. II, 1930), II, p. 283, n. 331; Pauwels, *Tractatus Theologicus de Casibus Reservatis in Dioecesibus Antverpiensi, Buscoducensi, Cameracensi, Coloniensi, Gandavensi, Leodiensi, Mechliniensi, Namurcensi, Ruraemundensi* (Lovanii: 1750), nn. 593-626; exemplar huius operis, una cum volumine II, in editione tamen II (1751-1752), inveniri potest apud Migne, *Theologiae Cursus Completus* (Parisiis: 1863-1866), XVIII, col. 935-1604; *Tractatus de*

Verissimum est Sanctam Sedem ante annum 1741, mediantibus Sacris Congregationibus, tribus saltem in casibus, indirecte rem attigisse. Casus primus invenitur in instrumento anni 1658 in archivo Sancti Officii reperto, quod sic currit: "Expositum fuit Ssmo aliquos Confessarios absolvere poenitentes cum quibus peccatum carnale lapsi sunt. Ssmus, auditis votis, decrevit quod S. C. Episc. et Reg. mittat litteram circularem omnibus Episcopis in qua illis injungatur, ut suspensa quoad hunc casum jurisdictione Confessariorum, illud statuant inter casus reservatos, et quando concedunt facultatem Confessariis absolvendi a casibus reservatis, hunc casum semper expresse excipiant et hoc Decretum notificatur etiam R. P. Secretario de Propaganda Fide ad hoc ut ipse consulat S. Congregationem quomodo Missionariis hic idem casus sit denegandus. 19 Decembris, 1658." [3]

Quidquid sit de decretis a Congregatione Episcoporum et Regularium sicuti a Congregatione de Propaganda Fide promulgandis, haud certo affirmari potest huiusmodi decreta in lucem prodiisse. De illis enim nullum quidem verbum invenitur in opere cui titulus "Col-

Casibus Reservatis in Nova Dioecesi Gandavensi (Gandavi: 1805), pp. 72, sq., ubi haec verba habentur, uti introductio: "Sanctus Thomas . . . praesertim ideo agnoscit illiceitatem (confessionis apud Complicem), quia in confessione instituta apud Complicem, adesse potest novum peccandi periculum, et minor adest verecundia; quae praesertim locum habent in materia carnis: et quidem periculum primo adest ex parte Confessarii, dum ipsi exponitur peccatum lubricum, in quod novit poenitentem propensum vel propensam; unde natum est fieri, ut poenitentem in ipsa quidem confessione ad idem peccatum sollicitet. Deinde ex parte poenitentis aufertur illud, quod ipsam vel ipsum retraheret a peccato committendo, scilicet verecundia confitendi; etenim sine ullo rubore Complici suo peccatum suum aperire poterit; hinc, non in poenam, sed *ad cautelam*, in multis Synodis a saeculo XVII. decretum est, nedum illicitam, sed inanem pariter, nullam atque irritam fore absolutionem, datam a Sacerdote socio sui criminis adversus sextum Decalogi praeceptum."

[3] *Collectio Resolutionum Responsorumque S. Officii*, n. 267, sub verbo "*Confessarius*," apud *Analecta Ecclesiastica*, III (1895), 80. Relate ad collectionem, *Analecta* haec habet, II (1894), 318: "Cardinalis Casanata . . . exscripsit praecipuas S. Inquisitionis decisiones alphabetico ordine digestas, quas ipse, dum esset Adsessor, in Archivo exegerat. Decreta de verbo ad verbum referre potuisset compilator . . . De caetero accurate notat diem, annum . . . "

lectanea in Usum Secretariae S. C. Episcoporum et Regularium," etsi adsunt quaedam alia decreta, etiam antiquiora, de casibus reservatis.[4] Quod dici debet et de operibus inscriptis "*Ius Pontificium de Propaganda Fide*" et "*Collectanea Sacrae Congregationis de Propaganda Fide*" quae rem nullatenus referunt ante Constitutiones Benedicti XIV, et diversimode de casibus reservatis inter annum 1658 et 1741 agunt. Et alia habetur persuasio ex materiis illarum Synodorum inter 1658 et 1741 congregatarum. Adsunt passim reservatorum elenchi; nec vero constans neque frequens est huius peccati reservationis notatio, uti paulo inferius lucebit. Hoc valet etiam de Synodis in Italia habitis, e.g., Florentina et Alexandrina, anni 1732, ubi, sicuti in pluribus Synodis germanicis, prohibetur absolutio complicis, at sine reservatione ipsius peccati, quae certo haberetur si citatum decretum fuisset evulgatum.

Caeterum, huiusmodi decretum, quidquid sit de eius promulgatione, nonnisi indirecte praesentem materiam respexisset, nam agit de reservatione casus in quo confessarius suum absolverit complicem quique casus Episcopo soli reservatus remansisset; decretum vero nullomodo directam statuit prohibitionem ipsius absolutionis complicis. Ut plurimum adesset sanctio contra absolventem complicem (reservatio nempe peccati ab eo commissi), quae sanctio deinde in Constitutionibus Benedictinis uti poena excommunicationis speciali modo S. Sedi reservatae conspicitur.

In altero casu, de quo vidit Sanctum Officium anno 1665, agebatur de sollicitata apud sollicitantem confitente; et evidenter, potiusquam complicis absolutio, directe respicitur sollicitationis materia, utpote a Gregorio XV iam nitidissime ordinata.[5]

Casus tertius, anno 1679 a Sacra Congregatione Concilii recognitus, refert ad statutum Synodale Consentinum quod decisione Sacrae Congregationis abolitum declaratur. Hoc statuto absolute et sub

[4] Cura A. Bizzarri, Romae: ex Tipographia Rev. Camerae Apostolicae, 1863. Quae collectio, quantumvis privata, plerumque citatur apud *Fontes*.

[5] *Fontes*, de causa, haec habent sub numero 734: propositio damnata n. 7: "modus evadendi obligationem denunciandae sollicitationis est, si sollicitatus confiteatur cum sollicitante, hic potest ipsum absolvere absque onere denunciandi."

gravis poenae sanctione interdicebatur confessario quominus unquam confessionem exciperet personae complicis.[6] Agitur tamen quaestio de materia prudenter Synodo includenda; nullo autem modo de absolutionis liceitate vel validitate; quod lucidissime patet ex consultatione tunc habita cum hac Sacra Congregatione absque ulteriore relatione ad Sanctum Officium vel Sacram Poenitentiariam.

De disputationibus iam a saeculis quaestionis inter theologos habitis testis optimus exstat Benedictus XIV. In citato opere "*De Synodo Dioecesana*" commemorat quaestiones inde a saeculis inter auctores agitatas de validitate huiusmodi absolutionis,[7] et affert Sanctum Thomam Aquinatem opinioni affirmativae faventem[8] et Sanctum Petrum Damianum opinioni negativae;[9] et adiicit, "ex Theologis moralibus," novem "cum aliis" auctores pro hac vel illa parte instructos.[10]

Nec desideratur eius testimonium de decretis Synodorum anteactarum quibus complicis absolutio Confessario ita sit vetita ut, sublatis ei omni confessiones complicis excipiendi iurisdictione atque licentia, inanis pariter evaderet, nulla, atque irrita. Huiusmodi synodos enumerat sex, ab anno 1662 ad annum 1738, quinque Italicas, sextam autem exteram, habitas.[11] Et ex septima, XI Mediolanensi, ad verbum citat Benedictus XIV praescripta ab antistite Sancto Carolo Borromaeo statuta: "Confessario qui cuiuscumque criminis, etiam minimi, socius, particepsve ullo modo fuit, munere interdictum sit Confessiones eorum audiendae, quos illius socios habuerit. . . . Nec vero absolutio, si quam impartierit, ullius roboris sit, sed irrita plane ac rescissa, nullaque omnino, tamquam ab eo impartita, qui iurisdictionis, et facultatis expers est. Et vero, si quis Confessarius culpae socius, particepsve aliquid contra ausus erit, excommunicationis sententiam

[6] Cf. *Analecta Iuris Pontificii*, VII (1864), 752-755; De Smet, *De Absolutione Complicis et de Sollicitatione*, p. 12, nota 1.

[7] *Loc. cit.*, I et III.

[8] *Loc. cit.*, I; *Supplementum*, III, Q. 20, art. 2, ad primum.

[9] *Loc. cit.*, I; Migne, *Patrologiae Cursus Completus, Series Latina* (221 voll. (Parisiis: 1844-1864) CXLV, 167.

[10] *Loc. cit.*, II et III.

[11] *Loc. cit.*, II.

subeat: cuius vinculo irretitus, ab alio Sacerdote, nisi a nobis, absolvi non possit."[12]

Summus Pontifex, ergo, "accedentibus quoque iteratis plurium Episcoporum supplicationibus," universali lege materiam coarctare constrictus est, ne facinus ac scelus horrescens, vergens "in contemptum Sacramentorum, in iniuriam Ecclesiae, in animarum pericula," grassaretur.[13]

Non minus vero, iisdem consiliis, permoti, Episcopi priorum saeculorum, haud simul et ubique sed in variis regionibus et temporibus diversis pro posse ipsi conabantur theologorum elucidationes conducere in iuridicum campum et praxim. Synodorum et canones Conciliorum, statuta poenalia ab ipsis elaborata, eorumque leges particulares passim temporis tractu evolventes, formulae emergentes, intercedentibus Constitutionibus Benedictinis, Codicis Iuris Canonici disciplinae fundamentum et lapidem angularem construunt. Hae materiae examini subiiciantur.

Anno 1279, durante pontificatu Nicolai III, locum habuit in Germania Concilium Monasteriense. Inter statuta, decimum quintum, quo Confessario absolutio complicis omnino prohibetur, ad nos pertinet. Quod sic sonat: "Praecipimus . . . item *ne aliquis sacerdos audiat confessionem mulieris, cum qua peccavit,* nec etiam conscios, mediatores, aut fautores peccati; *sed mittat eos, vel eas ad honestos* Confessores."[14]

Recolatur quod supra refertur Benedictum XIV in suo opere "*De Synodo Dioecesana*" sumpsisse argumentum ex *Supplemento* Sancti Thomae Aquinatis. Recolatur quoque *Supplementum* post mortem Sancti Thomae a Reginaldo esse adlaboratum, ex materiis tamen contentis in Sancti Thomae *Commentario in IV Libros Sententiarum,* iam ante 1256 confecto. Haec sunt verba tum *Supplementi* tum *Sententiarum:* "Quod in tali casu (absolutionis, nempe, complicis in peccato) nec *Sacerdos debet (Sent:* deberet) *audire Confessionem*

[12] *Loc. cit.*, III, ad finem.

[13] Constitutio "*Sacramentum Poenitentiae,*" n. 4.

[14] Mansi, *Sacrorum Conciliorum Nova et Amplissima Collectio* (53 voll. in 59, Parisiis: 1901-1927), XXIV, 318B; Hartzheim, *Concilia Germaniae* (Coloniae Augustae Agrippinensium: 1759-1790), III, 649.

mulieris, cum qua peccavit, de illo peccato, *sed debet* (*Sent:* deberet) *ad alium mittere* (*Sent:* remittere) . . ." [15]

Supplementum haud inveniri potuit in manibus Patrum Concilii; dubitari autem non potest eos prae manibus habuisse *Commentarium;* Albertus Magnus fuerat Ordinarius Coloniensis tum Ratisbonensis; ipse Thomas triginta ante annis per quatuor circiter annos Coloniae degebat; Dominicana disciplina in valle Rhenana florescebat; et *Commentarium* multo magis quam *Summa Theologica* tunc temporis colebatur.

Conferantur, igitur, verba statuti anni 1279 cum iis quae in *Supplemento* et *Commentario* inveniuntur: neminem latebit similitudo, ne dicatur identitas.

Brevi videbimus in citationibus afferendis verba huius concilii Monasteriensis anno 1279 celebrati in alias Synodos ac Concilia saepe transiisse; adiectis annorum decursu sanctionibus poenalibus, et terminis aliquantulum mutatis, transierunt in Constitutiones Benedictinas et in Codicem. Non asseritur hoc concilium primo iuridice rem tractasse; forsan adhuc latent leges antiquiores quae rem respiciant. Id vero negari non posse videtur: concilium egisse de conciliatione theologiae cum iure tunc temporis vigente, de reductione rationum theologicarum in praxim latius latiusque florescentem; et forsan de fonte antiquiore non-iuridico ex quo canones nostri gradatim prodierunt.

Anno 1281, a Synodo Coloniensi (Agrippinensi) evulgatum est Statutum fere idem sonans: invenitur sub numero VIII, *De Sacramento Poenitentiae et Confessionis, et eorum attinentiis:* " . . . Item sub poena excommunicationis praecipimus, ne aliquis Sacerdos audiat confessionem mulieris, cum qua peccavit; nec etiam conscias aut fautores aut mediatores peccati sui, sed mittat eos vel eas ad honestos et discretos confessores." [16] Anno 1662 in quadam Synodo dioece-

[15] *Thomae Aquinatis Opera Omnia* (Parisiis: curantibus Fretté-Maré, 1895), III, q. 20, art. 2, ad primum; *Sancti Thomae Aquinatis Commentarium in Quatuor Libros Sententiarum* (Parmae: Typis Petri Fiaccadori, 1858), lib. IV, D. 19, q. 1, art. 3, qu. 2, ad primum.

[16] Mansi, XXIV, 353D; Harduinus, *Acta Conciliorum et Epistolae Decretales ac Constitutiones Summorum Pontificum* (12 voll. Parisiis: 1715), VII, 827B; Hartzheim, III, 664.

sana haec excommunicationis sanctio in suspensionem mutatur: "Proprii peccati complicem nemo audiat: ut animarum periculis, quantum in Domino possumus, occurramus, sub poena suspensionis ipso facto incurrenda, inhibemus omnibus Confessariis, ne quis confessionem mulieris, cum qua in materia carnis peccavit, aut complicis, aut fautoris peccati (nisi in necessitate extrema) excipiat." [17] quodam suo edicto, quod publicavit die 26 Maii 1715, nonnullos casus reservavit, seu magis apte loquendo, declarationem fecit nonnullorum casuum, qui in sua Archidioecesi erant reservati; et inter caetera addidit: Nos pro hac Archidioecesi statuimus complicem criminis carnalis externi moraliter peccaminosi extra mortis periculum a Confessario complici ab eodem peccato carnali sacramentaliter absolvi non posse, iurisdictione cuilibet tali, quoad hoc, licet in approbationibus hucusque expeditis concessa fuerit, a tempore harum publicationis per nos prorsus adempta." [18]

Statuta Synodalia Ioannis Episcopi Leodiensis in Belgio, anno 1287 edita sunt. In capite IV, De Confessione et Poenitentia, sub numero VIII, legitur: Praecipimus sub poena excommunicationis Presbyteris, ne audiant confessiones mulierum, cum quibus peccaverunt, de peccatis, quae perpetraverunt cum eis; nec etiam conscios et fautores peccati sui vel mediatores audiant, sed mittant eos ad honestos confessores, nisi necessitas ex casu hoc praecedente exegerit." [19]

Anno 1550 Patres Concilii Cameracensis in Gallia aliquas praecedentes Synodos ex integro approbarunt, ex quibus excerpserunt varia Statuta eo anno renovata et promulgata et in eadem Ecclesia servanda. Inter quae eminet hoc Statutum iam anno 1300 editum; in elencho casuum "Nobis et Poenitentiariis nostris reservatis" reperitur: "Sacerdotes confessiones mulierum cum quibus peccaverunt,

[17] Hartzheim, IX, 982, Titulus V, *De Sacramento Poenitentiae*, Caput VII, in paragrapho prima; Pauwels, *op. cit.*, n 607, in medio.
Addantur hoc loco quaedam decreta prae-Benedictina Coloniae vigentia, quae a resolutione S. C. Concilii diei 16 Novembris, 1720, desumuntur: "Colonien. Archiepiscopus et Elector Coloniae in

[18] *Codicis Iuris Canonici Fontes* (9 voll. Romae: ex Typis Polyglottis Vaticanis, 1923-1939), n. 3216; cf. etiam Pauwels, *loc. cit.*

[19] Hartzheim, III, 687, ubi etiam conferri potest alterna lectio.

fautores et mediatores non audiant, donec saltem a peccatis inter eos patratis, alias confessi fuerint competenter, et cessaverit infamia, si qua fuerit propter hoc contra eos, sed mittant eos ad honestos et idoneos Confessores." [20] Notatu omnino digni sunt termini "donec saltem . . . " Hi termini subintelliguntur in resolutionibus Sancti Officii 29 Maii, 1867 et Sacrae Poenitentiariae 29 Februarii, 1904; et directius attinguntur in resolutione eiusdem Poenitentiariae 15 Maii, 1877.

Statuta Ecclesiae Tornacensis iam inde a longo tempore rem referunt. Inter ea quae decreta sunt a Synodo anni 1481, haec quae sequuntur, in Capite LV, *De Poenitentiis et Indulgentiis,* inveniuntur: "Item inhibemus omnibus et singulis Sacerdotibus, ne confessionem mulierum, cum quibus carnaliter peccaverint, vel eas ad peccandum induxerint, audiant; nisi in magno necessitatis articulo." [21] De Smet, autem, in suo opere "*De Absolutione Complicis et Sollicitatione*" [22] asserit statutum iam insertum esse in Synodo anni 1366, uti ipse vidit in opere cui nomen "*Statuta Synodalia Tornacensia.*" Quidquid sit, remanet prohibitio nuda relate ad peccatum carnis, dempto casu extremae necessitatis. Idem statutum, sub Capite autem VII, invenitur in alia Synodo anni 1520.[23] Anno 1574 additur sanctio poenalis; sic sonat lex, in Titulo IV, *De Sacramento Confessionis,* contenta, in Capite VIII: "Caveant tamen (Confessarii), ne mulierum, cum quibus praevalente tentatione carnaliter vixerint, vel quas ad peccatum forte induxerint, confessiones audiant, sed ad honestos Confessores transmittant: et qui contravenire praesumpserint, poenis contra spiritualem incestum committentes decretis, vel his gravioribus plectantur." [24] Alia denique Synodus, anno 1600 habita, "praedecessorum Decretis inhaerendo," idem noviter decrevit.[25] Huiusmodi incestus spiritualis notio iam locum habuit inter reservata Concilii Treverensis Provincialis anni 1310 [26] et Concilii

[20] Hartzheim, IV, 69, et 67 cum nota.

[21] Hartzheim, V, 528.

[22] P. 3, nota 1.

[23] Hartzheim, VI, 156.

[24] Hartzheim, VII, 774.

[25] Hartzheim, VIII, 485.

[26] Hartzheim, IV, 148.

Basileensis anni 1503.[27]. Quod Concilium in Titulo XXXIII, Casus Episcopales a Jure vel Consuetudine Ipsis Episcopis Reservati (sub n. 27) terminum similem adhibet, "fornicans cum filia confessionis." Et addit, quod est momenti relate ad reservationis conceptum: "Supra nominatos casus Nobis ipsis, et nostro in Poenitentialibus Vicario reservamus: parati tamen erimus ipsis Religiosis praesentatis, et Decanis, aut aliis nonnullis Curatis Doctoribus, et magis expertis nostram facultatem in illis impertiri, ac nequaquam denegare." [28]

Anno 1571, in Synodo Prima Dioecesis Gandavensis habetur sanctio poenalis *ferendae sententiae*. Titulus V, *De Confessione*, Caput IX, affertur: "Eisdem omnibus Confessariis mandamus, ut mulieres, cum quibus peccaverunt, in confessione non audiant: sed eas ad honestos Confessarios remittant; *alioquin graviter puniendi*." [29]

Eodem anno Synodus Prima Dioecesana Buscoducensis (Silvaeducensis) legem statuit prohibitivam, adnexa etiam poena ferendae sententiae. Titulus VI, *De Poenitentiae Sacramento*, in Capite XIV, sic sonat: "Prohibemus *sub poena nostra arbitraria*, ne quis Sacerdos Confessionem mulieris, cum qua peccatum incontinentiae commisit, aut socii, vel fautores peccati, nisi in necessitate, excipiat, sed tales ad alium idoneum Confessarium remittere teneatur." [30] Synodus II Dioecesana, anno 1604 convocata, idem statutum recognovit, in eodem Titulo VI, sed apud Caput XIX.[31]

Tertia Synodus eiusdem anni 1571, Provincialis Bisuntina, statutum sequens affert, sub titulo "*Minister Poenitentiae*," VIII: "Nec audiat Sacerdos confessionem alicujus personae, de quo peccato ipse sit agens, vel consentiens: sed talem personam remittat ad alium Confessorem, data licentia, si opus sit." [32] Notanda omnino sunt verba

[27] Hartzheim, VI, 28.

[28] Hartzheim, VI, 28.

[29] Hartzheim, VII, 679; Synodicon Belgicum, *Nova et Absoluta Collectio Synodorum Episcopatus Gandavensis* (Mechliniae: edidit Petrus F. X. De Raam, 1839), IV, 23.

[30] Hartzheim, VII, 714.

[31] Hartzheim, IX, 212.

[32] Hartzheim, VIII, 162; Mansi, XXXVI bis, 54.

"sed talem personam . . . " Fundatur necessitas licentiae in dictis Concilii Lateranensis IV (1215). In capite vigesimo primo legitur: "Omnis utriusque sexus fidelis . . . omnia sua solus peccata saltem semel in anno fideliter confiteatur *proprio sacerdoti* . . . "[33] Si sacerdos complex fuerit simul proprius sacerdos, tunc necessaria fuerit haec licentia et ad alium Confessorem remissio.

At notandum est quid aliud: iterata prodit similitudo horum verborum cum illis Sancti Thomae in *IV Libros Sententiarum* supra memoratis.[34] Verba Sancti Thomae sunt: "Quod in tali casu nec Sacerdos deberet audire Confessionem mulieris, cum qua peccavit, de illo peccato sed deberet ad alium remittere, nec illa deberet ei confiteri, sed debet licentiam petere ad alium eundi, vel ad Superiorem recurrere, si ille licentiam denegaret. . . . " Similitudo mira inter excerpta videtur, haudque improbabiliter ex industria orta.

Ad Synodos autem Bisuntinas quod attinet: Patribus noviter anno 1707 convocatis, renovatur statutum anni 1571; et haec inveniuntur in Statuto XIV, sub titulo "*Renovatur prohibitio audiendi Confessionem complicis, praesertim in materia luxuriae*": "Cum ex antiquioribus Dioecesis nostrae Statutis appareat, prohibitum esse Sacerdoti poenitentem sui criminis complicem non solum absolvere, sed etiam ejus confessionem audire; advertentes tamen nonnullos inveniri, qui maximo tum sui, tum poenitentis periculo, tam salubre Decretum infringere non verentur, innumeris malis inde provenientibus occurrere cupientes, declaramus nullum Confessarium, sive saecularem, sive Regularem posse complicem suum, in materia luxuriae valide absolvere, ipsi omnimodam jurisdictionem et potestatem illum absolvendi adimentes."[35] Hic intrat, ergo, iurisdictionis erga talem poenitentem ademptio. Et notetur auditionem confessionis aeque ac in peccata absolutionem dissertis verbis interdictam esse; est quaestio de qua agunt Sanctus Alphonsus post duo saecula,[36] aliique auctores etiam hodierni.

[33] Denzinger-Bannwart, *Enchiridion Symbolorum Definitionum et Declarationum* (ed. XVI et XVII, quam paravit I. B. Umberg, Friburgi Brisgoviae: Herder, 1928), n. 437.

[34] Lib. IV, D. 19, q. 1, art. 3, qu. 2, ad primum.

[35] Hartzheim, X, 322, 323.

[36] *Theologia Moralis* (Parisiis: curavit Mich. Heilig. 1866), lib. VI, n. 556.

Synodus Dioecesana Yprensis, anno 1577 congregata, in Titulo XVI, *De Poenitentia,* rem attingit; Caput XVIII ita prosequitur: "Socios autem, vel fautores peccati sui, aut etiam mulieres, cum quibus forte peccavit Confessarius in confessione non audiat, etiam ab illis requisitus; sed illos ad alios Confessarios remittat." [37]

Reperitur inter statuta Synodi Audomarensis anni 1583, in Titulo VII *De Sacramento Poenitentiae,* relativum caput XV: "Revocatur licentia confessiones audiendi, eo ipso, quo Sacerdos notoriam commiserit fornicationem. Sacerdos eorum confessiones non audiat, quibuscum peccavit. Si, quod absit, post confessiones excipiendi licentiam a Nobis obtentam, notoriam Sacerdos commiserit fornicationem, Nos hoc ipso districte ei inhibemus, ne cujusquam deinde confessionem audiat, nisi iterum per Nos probatus, atque admissus. Et ut iterum probetur, atque admittatur, nullo tamen modo permittimus, ut illius confessionem audiat, quam carnaliter cognoverit. Nec umquam Sacerdos mulieris, quacum peccavit, quantumvis occultissime, confessionem audiat; sicut neque illorum omnium quos brevi socios habuerit, aut fautores scelerum suorum: rogatus enim ad alios Confessarios mittat." [38] Et sufficit hic notare licentiae negationem quoad futuras complicis confessiones audiendas.

Anno 1659 habita est Synodus Dioecesana Namurcensis, cuius Titulus V, *De Sacramento Poenitentiae,* Caput II, est ad rem: "Nulli Confessario licebit in hac Dioecesi illius confessiones audire, cum quo in delicto praesertim graviore, ipse socius vel complex fuerit." [39]

Statuta Synodalia Dioecesis Paderbornensis anni 1688 elenchum afferunt casuum reservatorum: Titulus VII, IV, ita se habet: "Pastores et Confessarii a casibus Nobis reservatis neminem absolvant, nisi aut in periculo mortis aut habita prius a Nobis speciali licentia. Casus autem, quos Nobis reservamus, sunt sequentes: . . . n. 8: Peccatum complicis in materia venerea." [40]

Huiusmodi elenchus invenitur quoque in Synodo Dioecesana Metensi anni 1669, ubi in Titulo VI, *De Poenitentia,* sub n. 7, reservata

[37] Hartzheim, VII, 851.
[38] Hartzheim, VII, 930.
[39] Hartzheim, IX, 850.
[40] Hartzheim, X, 160.

habetur "Absolutio complicis in peccato carnis tantum." [41]

Constitutiones Concilii Provincialis Avenionensis, 28 Octobris, 1725, habiti, et ipsae materiam tangunt. Titulus XXX, *De Sacramento Poenitentiae,* sequentia ducit: " . . . Complicibus autem ne suorum facinorum participes absolvendi potestas committatur unquam, omnino prohibetur." [42]

Tempori Benedicti XIV propinquiores, anno 1732 duae Synodi celebratae sunt in Italia. Haec sunt verba Florentina, ex Titulo II, Capite VI, *De Poenitentiae Sacramento,* n. 10 desumpta: "Nulla quoque sit absolutio complicis in re venerea, cuius materia absolute et in se actio indifferens non iudicatur; sed per se in actum carnalem sive completum, sive incompletum prodit lethaliter malum." [43] Et Synodus Alexandrina haec habet: "Tandem monemus Parochos omnes, et Confessarium quemlibet, ademptam eis esse facultatem absolvendi complicem quocumque peccato mortali." [44]

Denique, Synodus Montis Libani anni 1736, apud Caput IV, n. 17, *De Sacramento Poenitentiae,* sequentia decrevit: "Statuimus praeterea confessarios quoscumque, etiam parochos, non habere facultatem audiendi confessiones et absolvendi a peccatis personas quascumque, cum quibus quomodolibet confessarii ipsi impudice versati confitendi peccati complices sint." [45]

[41] Hartzheim, X, 239.

[42] *Acta et Decreta Sacrorum Conciliorum Recentiorum. Collectio Lacensis* (7 voll. Friburgi Brisgoviae: Herder, 1870-1890), I, 536B; Mansi, XXXVII, 325.

[43] *Decreta Synodi Dioecesanae Florentinae*, Florentiae, 1733.

[44] Citatio habetur ex Ferraris, *Bibliotheca Canonica Iuridica Moralis Theologica necnon Ascetica Polemica Rubristica Historica* (Romae: ex Typographia Polyglotta S. C. de Propaganda Fide, 1885-1899), II, sub verbo *Complex Peccati.*

[45] *Collectio Lacensis,* II, 134; Mansi, XXXVIII, 57A.

CAPUT III

EXEMPLARIA DECISIONUM, DECRETORUM, RESOLUTIONUM ROMANARUM, QUAE INDE AB ANNO 1751 USQUE AD TEMPUS HODIERNUM EMANARUNT

Hucusque vidimus (mentione facta disputationum inter theologos) de legibus particularibus universales Benedicti XIV Constitutiones praecedentibus. Leges prohibitivae, initio sat simplices, experientia prudentiaque saeculorum decursu melius excultae prototypice Constitutioni "*Sacramentum Poenitentiae*" inservierunt. Minime vero dicendum hanc unam Constitutionem semel et pro semper rem definivisse. Etsi Constitutio opportune sit confecta, mirabiliterque ordinata, exortae sunt, regnante ipso Benedicto, plures discussiones finiendae. Unde materia ab eo et pressius coarctata est, ope Constitutionum "*Apostolici Muneris*" (1745), "*Convocatis*" (1749), et Epistolarum Encyclicarum "*Inter Praeteritos*" (1749), et "*Benedictus Deus*" (1750). Frequentiores ergo et minus implicatae quaestiones quasi statim opprimebantur—v.g., quaestio de infamia vel scandalo mortis articulo aequivalente; de iurisdictione tempore Iubilaei suppleta; deque aliis quae in istis documentis facile videri possunt.

Quamvis haec legislatio perspicua fuerit, inventae tamen sunt novae discussiones et difficultates et nefandi abusus, tum ex variis verborum significationibus, tum ex terminis ab aliis aliter intellectis, tum ex dolo ortae. Sanctum ergo Officium et Sacra Poenitentiaria annorum decursu, varia ediderunt decreta, rescripta, resolutiones, instructiones, quae in promptu essent Confessariis petentibus aliisve ad quos pertineret. Uti autem ex proprio horum coetuum munere satis superque liquet, huiusmodi responsiones non raro vel secretissimae considerari debebant, ad easque etiam in usum peritorum vix unquam patebat cuivis liber accessus. Quaedam autem responsiones, momenti praestantioris et formae aptius publicandae, praesto semper erant examini.

Huiusmodi non omnes uno loco inveniuntur, nec quidem nimis faciles sunt inventu. Hae adiectae quae sequuntur in unum rediguntur ad verbum ut lector prae manibus habeat documenta quorum prudenti usu dubia ipse plerumque possit enodare. A primis in novissimas sic ordinantur.

Prima responsio continetur in textu Sancti Alphonsi: "Quaestio autem fit an incurrat hanc excommunicationem sacerdos, qui complicem non absolvit, sed tantum in confessione audit? Super hoc dubio consului sacram Poenitentiariam, quae die 9 Iulii, 1751, respondit absolute:

> 'Non vitari excommunicationem a praedicto confessario per fictionem absolutionis.' "[1]

S. C. S. OFF., 13 SEPT. 1859

> 1. In quali casi possa dirsi che i penitenti siano in pericolo od in articolo di morte, sicchè possano essere assoluti sopra ogni censura e peccato da qualunque sacerdote.
>
> 2. Se i Vescovi in virtu del Capo *Liceat* possano assolvere dai casi occulti riservati alla S. Sede dopo il Concilio di Trento, e nominatamente un confessore che abbia attentato di assolvere il complice nel peccato turpe.
>
> 4. Quando debba reputarsi reo di peccato turpe un confessore, sicchè se abbia assoluto il complice, sia incorso nelle pene e censure inflitte dalle Costituzioni di Benedetto XIV che cominciano l'una "*Sacramentum Poenitentiae*" e l'altra "*Apostolici Muneris.*"

Et responsum est:

> Ad 1. A probatis auctoribus iudicandi normam sumat (Archiepiscopus) quibus in casibus revere dici possint poenitentes versari in articulo vel periculo mortis, adeo ut quilibet sacerdos a quibusvis peccatis et censuris eos absolvere valeat, et sub quibus cautionibus, consulat decretal. Clementis III relat. in Cap. 15 *Cum desideres,* et C. 26 *Quod de his,* de sententia Excommunicat.
>
> Ad 2. Non posse, iuxta resolutiones S. Congregationis Concilii Tridentini decretis interpretandis praepositae, quae mense Ianuario anni 1589 Archiepiscopo Mediolanensi ita respondit: Reservationes casuum de novo post Concilium non comprehenduntur

[1] *Theologia Moralis,* lib. VI, n. 556, q. 1.

in Cap. VI, Sess. 24, De reform., et praesertim super clausula monialium; et quae item 2 Martii 1595 Episcopo Nucerino respondit: Nosse debet Episcopus facultatem absolvendi sibi tributam decreto c. VI, sess. 24 non extendi ad casus qui novis Summorum Pontificum Constitutionibus post Concilium Tridentinum fuerint Apostolicae Sedi reservati.

Ad 4. Ad dignoscendum quando confessarius censeri debeat reus peccati turpis externi et in genere suo gravis, ita ut si attentaverit complicem absolvere, poenis et censuris per Constitutiones Benedicti XIV inflictis innodatus censeri debeat, consulat probatos auctores et praesertim S. Alphonsum de Ligorio.[2]

S. C. S. Off., 18 iul. 1860

1. Utrum habeat Episcopus in sua dioecesi, extra Italiam, facultatem sive per se, sive per delegatum specialem, absolvendi ab excommunicatione occulta quam confessarius contraxit absolvendo, extra articulum mortis, complicem in crimine turpi.

2. Utrum saltem habeat praefatam facultatem in casu quo, propter imminens periculum scandali, aut alterius gravis mali, recursus ad S. Sedem fieri nequit opportuno tempore.

3. Utrum in iisdem circumstantiis habeat facultatem absolvendi presbyterum qui non esset suae dioecesis.

4. Utrum absolvendo a praefata excommunicatione propter urgentem causam, debeat imponere poenitenti onus recurrendi, cessante impedimento, ad S. Sedem, sub poena reincidentiae.

5. Utrum praefatam facultatem valeat ad tempus praefixum, vel ad praefixum casuum numerum, an tantum pro casu exposito delegare.

Quibus respondetur:

Ad 1. *Negative,* et dentur decreta Sacrae Congregationis Concilii Tridentini Decret. Interpr., quorum unum sub anno 1589, videlicet: (et sequuntur verba immediate praecedentis responsi, ad 2, "Reservationes casuum de novo . . . " usque ad " . . . Apostolicae Sedi reservati.")

Ad 2, 3, 4, et 5. Consulat Decretales Clementis III relat. c. 15 *Cum desideres,* et cap. 26 *Quod de his,* de sent. excom., et

[2] *Fontes,* n. 955.

probatos auctores, inter quos S. Alphonsum de Ligorio, L. 7, c. 1, dub. 5, *De Censuris*, a n. 84 ad 92.[3]

S. C. S. Off., Instr. 20 febr. 1866

. . . Et re quidem vera Vicario Apostolico Cocincinae sciscitanti: 2. An eadem Constitutio restringi possit ac moderari in aliquo casu ob magnam confessariorum penuriam in eodem regno Cocincinae; iussu Pii VI anno 1775 opportuna instructione responsum fuit: ad 2. *Negative.*[4]

Et proxime SSmus D. N. Pius Papa IX decreto huius supremae Inquisitionis sub feria IV, die 27 Iunii anno 1866 edixit, "in facultatibus quibus Episcopi aliique Ordinarii ex concessione Apostolica pollent absolvendi ab omnibus casibus Apostolicae Sedi reservatis excipiendos semper in posterum et exceptos habendos esse casus reservatos in Bulla Benedicti XIV quae incipit '*Sacramentum Poenitentiae*.' "[5]

Attamen *Fontes*, n. 995, tradens ipsum decretum, addit: "Et Sacrae Congregationi de Propaganda Fide iniunctum voluit, ut in expediendis facultatibus formularum post verba 'absolvendi ab omnibus casibus Apostolicae Sedi reservatis etiam in Bulla *Coenae*' *addatur* 'exceptis casibus reservatis in Bulla Bened. XIV, quae incipit *Sacramentum Poenitentiae*'."[6]

Decretum S. C. S. Off. 29 maii 1867

Liberum esse confessario absolvere personam complicem, quae a peccato complicitatis inhonesto absoluta iam fuit per alium confessarium; dandum tamen semper consilium confessario, de quo agitur, ut, nisi cogat necessitas, se abstineat ab excipiendis personae complicis, licet iam a peccato complicitatis absolutae, sacris confessionibus.[7]

[3] *Fontes*, n. 962.

[4] Cf. *Collectanea S. C. de Prop. Fide*, Vol. I, n. 509.

[5] *Fontes*, n. 990.

[6] Cf. et Bizzarri, *Collectanea in usum Secretariae S. C. Episcoporum et Regularium* (Romae: ex Typographia Rev. *Camerae Apostolicae*, 1863), p. 819; et *ASS*, II (1866), 673.

[7] Textus habetur ex De Smet, *De Absolutione Complicis et Sollicitatione*, n. 153; attamen auctor confitetur se eum sumpsisse ex Santi-Leitner, *Praelectiones Iuris Canonici* (ed. III, Ratisbonae: 1889), in appendice ad Lib. V, p. 227; cf. et *N.R.Th.*, X (1878), 118.

S. C. S. OFF., 4 APR. 1871

Q. Se dopo la pubblicazione della Costituzione *Apostolicae Sedis moderationi* le parole *ab omnibus casibus etiam in Bulla Coena reservatis* contenute in una della Formole delle facoltà a stampa della S. C. di Propaganda, comprendano ancora i casi *speciali modo* riservati alla S. Sede.

R. Attento quod censurae speciali modo reservatae Romano Pontifici, eaedem sint quae continebantur in Bulla Coenae, *Affirmative.* Et formula facultatis ita reformetur: *Absolvendi ab omnibus censuris, etiam speciali modo in Bulla* Apostolicae Sedis moderationi *die* 12 *Octobris* 1869 *Romano Pontifici reservatis, excepta absolutione complicis in peccato turpi.*[8]

S. C. S. OFF., 28 MAII 1873

In Congregatione Generali S. Rom. et Univ. Inquisitionis habita coram Emis ac Revmis DD. S. Rom. Ecclesiae Cardinalibus contra haereticam pravitatem Inquisitoribus Generalibus, proposito ex parte E. P. D. Episcopi Aurelianensis dubio prout sequitur: An prohibitio absolvendi complicem in materia turpi restringi debeat ad tactus; an vero comprehendat omnia peccata gravia contra castitatem exterius commissa, etiam illa quae in meris aspectibus consisterent?

Iidem Emi Dni, omnibus mature perpensis, respondi mandarunt: Comprehendi nedum tactus, verum omnia peccata gravia et exterius commissa contra castitatem, etiam illa quae consistunt in meris colloquiis et aspectibus, qui complicitatem important.[9]

Pistocchi[10] notat aliam declarationem Sacrae Poenitentiariae diei 25 Ianuarii, 1875, quae, aeque ac declarationes S. C. S. Officii 1866 et 1871 supra memoratae, ponit exceptionem et reservationem ulteriorem de materia absolutionis complicis, etiam

[8] *Fontes*, n. 1017.

[9] *N.R.Th.*, X (1878), 118; Pistocchi, *Canoni Penali*, p. 226; De Smet, *op. cit.*, n. 154; Bucceroni, *Commentarius in Constitutionem Benedicti XIV Sacramentum Poenitentiae* (Lovanii: 1884), n. 68, ad finem; Planchard, *De Constitutione Benedicti XIV quae incipit Sacramentum Poenitentiae Practica Dissertatio* (ed. III, Engolismae: 1879), p. 5, nota 1. Coronata addit haec verba, *op. cit.*, IV, 2081: "Sanctitas Sua resolutionem approbavit et plene confirmavit."

[10] *Op. cit.*, p. 227.

relate ad facultates missionariorum et confessariorum tempore Iubilaei.

RESPONSUM SACRAE POENITENTIARIAE, 15 MAII 1877

Quaestioni: An incurrat censuras in absolventes complicem in peccato turpi latas, qui complicem quidem absolvit, sed complicem qui complicitatis peccatum in confessione *non declaravit?* Ratio dubitandi esse videtur, quia talis sacerdos etiamsi complex sacrilege hujus peccati confessionem omitteret, et ipse culpabiliter ab interrogando abstineret, non tamen absolvit ab hujusmodi complicitatis culpa, utpote non declarata nec subiecta clavibus.

R. *Poenitentiaria* respondit: Privationem iurisdictionis absolvendi complicem in peccato turpi et adnexam excommunicationem, quatenus confessarius illum absolverit esse in ordine ad ipsum peccatum turpe, in quo idem confessarius complex fuit. Tenetur nihilominus confessarius sacerdoti, qui hac ratione complicem, non tamen a peccato complicitatis, absolvit, omni studio ob oculos ponere enormitatem delicti sui, et abominabilem abusum sacramenti Poenitentiae, nec aliter ei beneficium absolutionis impertiri, quam praemissa gravissima adhortatione ut officium confessarii dimittere studeat, necnon imposita obligatione ut a confessionibus complicis audiendis in posterum omnino abstineat, monita eadem persona complice, si denuo compareat, ut de peccato complicitatis et caeteris invalide confessis (ob sacrilegam reticentiam prioris peccati), apud alium confessarium se accuset.[11]

RESPONSIO S. C. S. OFF., 1 MART. 1878

Q. Utrum confessarius, qui suum vel suam complicem in peccato turpi, ad mentem B. *Apostolicae Sedis* n. 10 simulaverat absolvisse, recitando v.g. orationem quamdam, vel alia verba pronuntiando, aut etiam tacendo, ita ut videretur tamen per signa vel manuum gestus revera poenitentem a peccatis relaxare, incurrit excommunicationem specialiter S. Pontifici reservatam, de qua agitur in praefata Bulla?

[11] Pars saltem huius Responsi continetur in alio, anni 1896, *Fontes*, n. 6444, infra videndo; materia quae hic refertur legi potest apud *Collationes Brugenses*, IV (1899), 78, in nota; in De Smet, *op. cit.*, n. 155; et in *Le Canoniste Contemporain*, XVIII (1895), 334.

Sacra Poenitentiaria, mature perpensis expositis dubiis, super iisdem pariter respondet: Confessarios simulantes absolutionem complicis in peccato turpi non effugere excommunicationem reservatam in B. S. S. Benedicti XIV *Sacramentum Poenitentiae*. Datum Romae in S. Poenitentiaria d. 1. Martii 1878.[12]

Responsum Sacrae Poenitentiariae, 22 ian. 1879

Confessarium non posse absolvere complicem, cum quo ante sacerdotium, in puerili aetate, turpiter egit, nisi moraliter certus sit, ipsum iam ab alio confessario directe et valide a peccato complicitatis absolutum fuisse.[13]

S. C. S. Off., 5 dec. 1883

1. Fere omnes Constitutionis *Apostolicae Sedis* commentatores docent excommunicationem minorem vi huius Constitutionis abolitam esse; *quaerit Ep.*: Utrum haec sententia tuto doceri possit in suo Seminario.

2. Iterum docent, illum confessarium excommunicationi non subiici qui complicem in peccato turpi absolvere fingit, sed reipsa non absolvit. Contrarium tamen declaravit S. Poenitentiaria die 1 Martii 1878. An possit orator permittere ut in suo Seminario doceatur praefata commentatorum sententia responsioni Sacrae Poenitentiariae opposita.

R. ad 1. *Affirmative.*

Ad 2. *Negative.* —SSmus approbavit et confirmavit.[14]

S. C. de Prop. Fide, litt. encycl. 6 aug. 1885

Essendo stato promosso il dubbio se gli orientali siano soggetti alla Costituzione *Apostolicae Sedis* pubblicata dalla f. m. di Pio IX, in data dei 12 Ottobre 1869, la Suprema Congregazione del S. Offizio con successiva approbazione della Santità di N. S. ha dichiarato quanto segue nella feria IV, 15 luglio corrente anno:

[12] Bucceroni, *op. cit.*, n. 78; etiam apud De Smet, *op. cit.*, n. 156. Responsio confirmatur responsione proxime videnda S. C. S. Off., 5 dec. 1883, sub n. 2.

[13] Lehmkuhl, *Theologia Moralis*, II, n. 935; D'Annibale, *In Constitutionem "Apostolicae Sedis" Commentarium* (ed. V, Romae: Desclée et Socii, 1909, n. 84, cum nota 10, quae antiquiores de re refert.

[14] *Fontes*, n. 1084; De Smet, *op. cit.*, n. 158.

1. Per Constitutionem *Apostolicae Sedis* nihil esse innovatum circa censuras earumque reservationes pro fidelibus rituum orientalium.

Vuole poi la sudd. Supr. Congregazione che per mezzo dei Rm̃i Delegati Apostolici siano notificate queste disposizioni a tutti i Patriarchi, Arcivescovi e Vescovi di rito orientale compresi nella rispettiva loro Delegazione, e che si ricordi loro: "illos fideles subiici nominatim nedum censuris, sed etiam Apostolicis reservationibus latis in Const. Benedicti XIV, "*Sacramentum Poenitentiae* . . . "[15]

S. C. S. Off., 13 ian. 1892

Q. 3. Utrum absolventes complicem in re turpi cum ignorantia crassa seu supina hanc excommunicationem incurrant an non.

R. Ad 3. In casu incurrere.

Sacra Poenitentiaria, 19 febr. 1896

Iam quaesitum fuit a S. Poenitentiaria "An incurrat censuras, in absolventes complicem in peccato turpi latas, qui complicem quidem absolvit, sed complicem qui complicitatis peccatum in confessione non declaravit." Et S. Poenitentiaria die 16 Maii 1877 respondendum censuit: *Privationem iurisdictionis absolvendi complicem in peccato turpi, et adnexam excommunicationem, quatenus confessarius illum absolverit, esse in ordine ad ipsum peccatum turpe, in quo idem confessarius complex fuit.* Hanc vero responsionem quidam ita interpretantur, ut excommunicatio in absolventes complicem lata, fere semper eludi possit. Siquidem ad hoc sufficere poenitentem complicem a confessario praemoneri de peccato huiusmodi non declarando. Sic enim, iuxta eosdem, absolvens complicem, semper immunis a censura evaderet. Ad praecavendos in re tanti momenti abusus, *quaeritur:*

1. An effugiat censuras, in absolventes complicem in re turpi latas, confessarius, qui complicem, sed de peccato complicitatis in confessione tacentem, absolvit; quamvis certus sit, complicem non adiisse alium sacerdotem, nec ideo fuisse absolutum a peccato complicitatis. Ratio dubitandi videtur esse quia in tali casu,

[15] *Fontes*, n. 4910.
[16] *Fontes*, n. 1147.

quamvis peccatum complicitatis non subiiciatur clavibus a poenitente, confessarius tamen non potest absolvere complicem ab aliis peccatis, quin, eo ipso, indirecte saltem, eum absolvat a peccato complicitatis quod scit non adhuc fuisse clavibus rite subiectum, neque ideo remissum.

2. An incurrat censuras in absolventes complicem in peccato turpi latas, confessarius qui, ad vitandas praefatas censuras, induxit *directe* vel *indirecte* poenitentem complicem ad non declarandum peccatum turpe, cum ipso commissum, et deinde complicem absolvit, sed peccatum complicitatis non declarantem. Ratio dubitandi est quia *nemini fraus sua patrocinari debet;* insuperque si, talia agendo, confessarius censuras praecaveret, iam prohibitio absolvendi complicem, sub poena excommunicationis, illusoria plerumque videretur. *Directe* autem confessarius inducit poenitentem, quando positive et explicite eum praemonet de tacendo peccato complicitatis, quia v.g. illud iam novit et declaratio illius esset inutilis. *Indirecte* vero inducit, quando confessarius suadere conatur poenitentem, sive quod actio turpis cum ipso commissa non est peccatum, sive saltem non tam grave, ut de ipso inquietari debeat; unde poenitens concludit ipsi licere non declarare tale peccatum, et ab eo declarando revera abstinet.

R. Sacra Poenitentiaria, mature consideratis expositis, et approbante SSmo Dño Nostro Leone PP. XIII, declaravit, *excommunicationem reservatam in Bulla* Sacramentum Poenitentiae *non effugere confessarios absolventes vel fingentes absolvere eum complicem, qui peccatum quidem complicitatis, a quo nondum est absolutus, non confitetur, sed ideo ita se gerit, quia ad id confessarius poenitentem induxit, sive directe sive indirecte.*[17]

S. C. S. Off., 7 iun. 1899

Sacerdos Titius in regionem extraneam se contulit ad confitendum peccatum, Summo Pontifici reservatum. Porro confessori declaravit: 1° nec opera ministerii sui, nec substantiam facultatum sibi permittere iterum aggrediendi iter ad recipiendam responsiones S. Poenitentiariae; 2° nimis onerosum sibi fore ad alium confessarium se praesentare in propria regione, quod signanter voluit devitare iter assumens.

Hisce expositis, Episcopus N. pro sua norma humiliter a Sancti-

[17] *Fontes*, n. 6444.

tate Vestra petit utrum supradictus casus, etiamsi agatur de absolutione complicis, inter eos annumerari debeat praevisos in Decreto S. Officii diei 9 Nov. 1898, et Confessarius niti possit praelaudato Decreto ad absolutionem impertiendam sine recursu ad S. Poenitentiariam, nec ne.

R. In Congregatione Generali habita ab Emis ac Rmis Dominis Cardinalibus Generalibus Inquisitoribus, proposito suprascripto dubio, iidem Emi Dñi, praehabito RR. DD. Consultorum voto, respondendum mandarunt: *Non comprehendi.*
Sequenti vero feria V loco VI, die 8 eiusdem mensis et anni in solita audientia R. P. D. Assessori S. O. impertita, facta de omnibus relatione SSmo D. N. Leoni Div. Prov. PP. XIII, idem SSmus Dominus responsionem Emorum PP. approbavit.[18]

Constitutio Leonis XIII "Temporis Quidem," 25 dec. 1900

III. De Confessario Iubilaei haec indulgemus: Confessario ita approbato et ad effectum lucrandi Iubilaei electo facultatem hac vice concedimus, intra dictum semestris spatium in foro dumtaxat conscientiae absolvendi ab excommunicationis, suspensionis et aliis ecclesiasticis sententiis et censuris a iure vel ab homine quavis de causa latis seu inflictis, etiam Ordinariis locorum, ac Nobis et Sedi Apostolicae speciali licet forma reservatis, et qui alias in concessione quantumvis ampla, non intelligerentur concessi, necnon ab omnibus peccatis et excessibus, quantumcumque gravibus et enormibus, etiam iisdem Ordinariis ac Nobis et Sedi Apostolicae, ut praefertur reservatis, iniuncta poenitentia salutari aliisque de iure iniungendis. Excipitur crimen absolutionis complicis quod ter aut amplius admissum fuerit.[19]

Sacra Poenitentiaria, 5 iun. 1901

1. In Constitutione "*Temporis Quidem,*" n. 3, ab ampla facultate absolvendi, quae tribuitur electo confessario, excipitur "*crimen absolutionis complicis ter aut amplius admissum.*" Hinc quaeritur: utrum exceptio ista intelligenda sit de crimine absolutionis quod ter aut amplius fuerit admissum *ab ultima confessione* sacerdotis poenitentis, an potius de crimine absolutionis quod per totam ante actam vitam usque ad momentum quo sacerdos confitetur ad effectum Iubilaei fuerit ter aut plus admissum, ita ut is v.g. qui *antea ob bis* impertitam huiusmodi

[18] ASS. XXXII (1899), 128.

[19] *Analecta Ecclesiastica,* IX (1901), 4.

absolutionem debuerit recurrere ad S. Poenitentiariam, non possit nunc *vi Iubilaei privilegiorum* absolvi etiam si *semel* tantum reincidat in dictum crimen.

R. Quoad I. *Negative ad primam partem, affirmative ad secundam.*[20]

SACRA POENITENTIARIA, 29 FEBR. 1904

4. Ad quaestionem: num sacerdos complicem suum, ab alio confessario non complice iam absolutum, et ad se redeuntem, absolvere possit, si se accusat post peccata ab ultima confessione patrata his verbis (uti pii poenitentes facere solent): "Includo praeterea omnia anteactae vitae peccata, praesertim contra angelicam virtutem," aut semper tenetur dicere: "exceptis peccatis complicitatis"?

R. ad 4. Quinctus (poenitens) abstineat prorsus a mentione ulla vel indirecta peccatorum complicitatis, nec opus est ut in generali confessione intendat ea subiicere clavibus; Pamphilius (confessarius) vero, qui absolvit, quantum potest, non intendat ab illis peccatis absolvere, et nulla erit reliqua difficultas.

Ad 5. Circa rescriptum S. Poenitentiariae datum alicui recurrenti pro seipso, sub fictis nominibus, respondetur: "Dummodo rescriptum rite executioni mandatum fuerit, oratorem non esse inquietandum." [21]

SACRA POENITENTIARIA, 29 MAII 1915

Proposito huic sacrae Poenitentiariae dubio: "Utrum miles quicumque in statu bellicae convocationis, seu, ut aiunt, *mobilitationis,* constitutus, ipso facto aequiparari possit iis qui versantur in periculo mortis ita ut a quovis sacerdote possit absolvi?"

R. Detur responsum diei 18 Martii, 1912, ad Episcopum V., nempe: *Affirmative,* iuxta regulas approbatis auctoribus traditas.[22].

[20] Responsum videri potest apud *Analecta Ecclesiastica,* IX (1901), 265; notatur quoque in Pistocchi, *op. cit.,* p. 228; habetur collatio istius responsi cum illo diei 5 Martii, 1925, paulo inferius videndo, in Cappello, *De Censuris,* n. 179, *De Sacramentis,* II, 1, n. 628.

[21] *LQS,* 1905, p. 382; Cappello, *De Censuris,* n. 186; *De Sacramentis,* n. 628; De Smet, *De Absolutione Complicis,* n. 161.

[22] *AAS,* VII (1915), 282.

CONSTITUTIO PII PP. XI "SI UNQUAM," 15 IUL. 1924

1. . . . Possint tamen (Confessarii Iubilaei in Urbe) absolvere confessarium reum absolutionis proprii complicis in peccato turpi semel aut bis tantummodo attentatae contra vetitum canonum 884 et 2367, impositis tum remotione occasionis relapsus, tum obligatione non audiendi neque absolvendi, in posterum, proprium complicem nisi secus periculum emineat infamiae aut scandali, tum denique onere eum ipsum monendi, si redierit, attentatas absolutiones invalidas fuisse.[23]

SACRA POENITENTIARIA, 5 MART. 1925

S. Poenitentiaria quaeritur: a) Utrum in Constitutione "Si Unquam" diei 15 Iulii 1924, ubi conceditur facultas absolvendi confessarium reum absolutionis proprii complicis in peccato turpi semel aut bis tantum attentatae, intelligitur delictum bis attentatum et nondum remissum, an etiam delictum antea semel aut pluries attentatum, sed iam absolutione remissum?

b) an in omni casu poenitens interrogandus sit de hac circumstantia relapsus in peccatum huiusmodi iam antea remissum?

R. a) *Affirmative* ad primam partem, *negative* ad alteram.

b) In ordine ad valorem dandae absolutionis, *negative*: in ordine ad occasionem relapsus removendam, si ex adiunctis opportunum fuerit, *affirmative*.[24]

CONSTITUTIO PII PP. XI "SERVATORIS," 15 DEC. 1925

Ad facultates, III: . . . A nulla ex censuris Apostolicae Sedi specialissimo modo reservatis absolvere queat, praeterquam a crimine absolutionis complicis a peccato turpi non plus semel vel bis attentatae. At confessarius poenitenti praecipiat, a) ut complicem, si forte redierit, moneat cum de absolutionis a se impertitae invaliditate, tum de eiusmodi confessionibus apud alium confessarium iurisdictione munitum necessario iterandis; b) ut, occasione relapsus remota, abstineat se in posterum ab audienda complicis confessione, etsi a peccato complicitatis alias

[23] *AAS*, XVI (1924), 310; cf. etiam *Le Canoniste Contemporain*, XLVII (1925), 284.

[24] *Periodica*, XIV (1925), 38, 39; *AKKR*, CVI (1926), 209; *Il Monitore Ecclesiastico*, 1926; 116; cf. etiam Cappello, *De Censuris*, n. 179.

absoluti, quoad sine scandali et infamiae periculo fieri poterit.[25]

S. C. S. OFF., 21 IUL. 1934

Cum ex expresso Ssmi D. N. Pii divina Providentia Pp. XI mandato ad Supremam hanc Sacram Congregationem Sancti Officii delata fuerit quaestio an sanctiones contentae in can. 2320, 2343 § 1, 2367, 2369 Codicis iuris canonici, quibus quaedam delicta excommunicatione latae sententiae specialissimo modo Sanctae Sedi reservata plectuntur, extendantur ad universam Ecclesiam, Emi ac Revmi Domini Cardinales rebus fidei morumque tutandis praepositi, omnibus mature perpensis, praehabitoque Sacrae Congregationis Orientalis et Sacrae Poenitentiariae Apostolicae voto, in plenario conventu habito Feria IV, die 12 Iulii 1934, decreverunt huiusmodi sanctiones, attenta omnino extraordinaria ipsorum delictorum gravitate, extendi ad universam Ecclesiam Latinam et Orientalem cuiuscumque ritus, atque eorumdem delictorum cognitionem quoad forum internum Sacrae Poenitentiariae, quoad forum externum Sancto Officio reservari.

Et sequenti Feria V, die 19 eiusdem mensis et anni, Ssmus D. N. D. Pius divina Providentia Pp. XI, in solita audientia Excmo ac Revmo Dño Assessori Sancti Officii impertita, relatam Sibi Emorum Patrum resolutionem adprobare et suprema Sua auctoritate confirmare dignatus est, et publici iuris faciendam iussit.[26]

S. C. S. OFF., 16 NOV. 1934

In plenario conventu huius Supremae Sacrae Congregationis Sancti Officii, habito feria IV, die 14 Novembris 1934, proposito dubio:

"An inter *indirecte inducentes*, de quibus in canone 2367, § 2, Codicis iuris canonici, adnumerandus etiam sit confessarius qui sive extra confessionem sacramentalem, alicui persuaserit in turpibus inter se patrandis aut nullum aut certe non grave inesse peccatum eumque consequenter, de aliis tantum sibi postea confitentem sacramentaliter absolvit vel fingit absolvere."

Emi ac Revmi Dñi Cardinales fidei morumque integritate tutandae praepositi, omnibus mature perpensis, respondendum decreverunt:

[25] *AAS*, *XVII* (1925), 615; cf. et etiam *Periodica*, XIV (1925), 125 sq; *Le Canoniste Contemporain*, XLVIII (1926), 64.

[26] *AAS*, XXVI (1934), 550.

R. *Affirmative,* facto verbo cum Ssmo.

Hanc vero Emorum Patrum resolutionem, in audientia R. P. D. Adsessori Sancti Officii die 10 eiusdem mensis et anni impertita, Ssmus D. N. Pius div. Prov. Pp. XI adprobare et suprema Sua auctoritate confirmare dignatus est ac publici iuris faciendam iussit.[27]

Animadvertenda

Praevisis ergo legum particularium et decretorum, etc., exemplaribus, forsan utilis evadet eorum brevis digestus, ut summarius prae oculis habeatur materiae hactenus oblatae conspectus; quaedam sane longius infra agentur.

I. Haec sunt summa capita legum quae disciplinam Benedictinam praecedunt: adhibetur prohibitio, cum vel sine poena ferendae vel latae sententiae; quae poena est vel simplex vel Episcopo soli aut eius Poenitentiario reservata, et est poena excommunicationis vel suspensionis; prohibitio extenditur ad omnia peccata poenitentis complicis, vel ad peccata graviora, vel ad ea tantum quae sunt carnis. Aliquando invenitur iurisdictionis subtractio, aliquando non; quae quandoque ita protrahitur ut complex ne in futuro quidem audiri debeat.

Et si quod hic visum est cum praescriptionibus Benedictinis conferatur, statim videbitur quam convenienter et congrue haec particularia in legem universalem pervenerint.

II. Haec sunt summa capita decisionum, responsorum, etc., a coetibus Romanis emanatorum ab anno 1751 in tempus hodiernum: auditio confessionis complicis prohibetur in peccatis contra VI Decalogi praeceptum, sicuti eius absolutio; et fere ab initio interdicitur et fictio absolutionis. Iudicium de peccatis sub lege includendis sumitur a probatis auctoribus, ita autem ut omnia peccata contra sextum praeceptum inclusa habeantur, etiam aspectus impudici et colloquia. Reticentia a poenitente peccatorum complicitatis notatur, utrum bona fide vel mala exsurgens, utrum poenitenti a confessario complice directe vel indirecte insinuata, ante aut post factum peccati.

[27] AAS, XXVI (1934), 634; cf. etiam infra, p. 85.

Articulus mortis sub quibusdam conditionibus excusat tum a prohibitione tum a poena, et accipitur auctorum communis doctrina de eius praesentia vel notionis legitima interpretatione; immo, periculum mortis articulo aequiparatur, illudque habetur includere tempus mobilitationis. Etsi primo nuncupatur reservatio poenae specialis, practice semper exstat specialissima; facultas enim absolvendi denegatur Missionariis, Episcopis pro casibus quantumvis occultis, et excluditur a privilegiis "Bulla Cruciata" contentis; posterius non excusat ignorantia crassa vel supina quamvis primo requiritur a Benedicto XIV praesumptio vel ausus temerarius ut censura incurratur. Poena extenditur ad Orientales. Et demum, recursus, ad S.S. excepto tempore unius alteriusve Iubilaei recentioris, semper requiritur.

III. Nexus historicus generalis hic est: Episcopi iam a saeculo XIII quaestionem agebant in synodis dioecesanis et conciliis provincialibus. Forsan antiquior est eius discussio theoretica inter theologos; probabiliter terminologia Sancti Thomae Aquinatis in Statuta Concilii Monasteriensis (anni 1279) transiit.

IV. Leges omnes, sive particulares sive universales, sicuti decisiones postbenedictinae, unum plane demonstrant: servare conantur sanctitatem sacramenti una cum poenitentis salute et fama; nonnisi dolus ministri plene delinquentis punitur.

Caput IV

CANON 884

Can. 884.—Absolutio complicis in peccato turpi invalida est, praeterquam in mortis periculo; et etiam in periculo mortis, extra casum necessitatis, est ex parte confessarii illicita ad normam constitutionum apostolicarum et nominatim constitutionis Benedicti XIV *Sacramentum Poenitentiae,* 1 iun. 1741.

Articulus I.—De Terminis in Canone Contentis

Absolutio:

Non est dubium quin agatur de absolutione quae in sacramento poenitentiae habetur; ille, nempe, dicitur absolvens qui in confessione habet intentionem vere absolvendi et formam absolutionis reipsa cum tali intentione profert.[1] Patet ex constitutionibus in canone memoratis et ex verbis ipsius canonis. Constitutio enim "*Sacramentum Poenitentiae*" in paragrapho quae ad nos pertinet loquitur de "sacerdotali iudicio," de "sacro tribunali," de "Sacramento reconciliationis," de "Confessario qui . . . confessionem sacramentalem personae complicis in peccato turpi atque inhonesto, contra sextum Decalogi praeceptum commisso, excipere audeat"; et de nullitate huiusmodi absolutionis, utique sacramentalis, extra casum necessitatis.[2] Idem patet ex verbis Constitutionis Benedicti XIV "*Apostolici Muneris,*" "audire et absolvere," "Confessionem excipere ac absolutionem impertiri," "absolutionem poenitenti . . . impertiri." [3] Iisdem fere verbis utitur Pontifex in Litteris Encyclicis "*Inter Praeteritos*" et "*Benedictus Deus,*" et in Constitutione "*Convocatis.*" [4] Consti-

[1] Sic Cappello, *De Censuris,* n. 163.

[2] Confer Constitutionem "*Sacramentum Poenitentiae,*" n. 4.

[3] Confer Constitutionem "*Apostolici Muneris,*" nn. 2, 3.

[4] Confer Litteras Encyclicas "*Inter Praeteritos,*" nn. 58, 59, 60; Constitutionem "*Convocatis,*" XXIII; et Litteras Encyclicas "*Benedictus Deus,*" n. 5.

tutio Pii IX "*Apostolicae Sedis,*" excommunicationem latae sententiae speciali modo reservatam statuens, sub numero X utitur verbis "absolventes," "Sacerdos, licet non approbatus ad confessiones," et "excipere morientis confessionem." Quae omnia, certissime, absolutionem sacramentalem referunt, sicuti et verba "Absolutio," "confessarii," in canone 884.

Quae dicenda sunt de fictione absolutionis vel de mera auditione confessionis sine concessione absolutionis inferius videntur, ubi consideratur canon 2367. Sufficit hic notare nec Episcopos nec Cardinales excipi a lege canonis 884.

PECCATUM TURPE:

Conspectus historicus indicat quasdam disciplinas dioecesanas olim prohibuisse absolutionem complicis in quocumque peccato, utrum carnis an alterius speciei. Lex autem universalis Benedictina materiam restrinxit ad "peccata turpia atque inhonesta, contra sextum Decalogi praeceptum" commissa.[5] In constitutione "*Convocatis,*" et in Litteris Encyclicis "*Benedictus Deus*" fere iidem termini inveniuntur, "in quolibet inhonesto contra sextum praeceptum peccato." Eadem restrictio ad "peccata turpia" locum habet tum in Constitutione "*Apostolicae Sedis*" Pii PP. IX, tum in canonibus 884 et 2367.

Die 13 Septembris, 1859, quaesitum est a Sancto Officio: "4. Quando debba reputarsi reo di peccato turpe un confessore, sicchè se abbia assoluto il complice, sia incorso nelle pene e censure inflitte dalle Costituzioni di Benedetto XIV che cominciano l'una '*Sacramentum Poenitentiae*' e l'altra '*Apostolici Muneris.*' " Et responsum est, ad 4: "Ad dignoscendum quando confessarius censeri debeat reus peccati turpis externi et in genere suo gravis, ita ut si attentaverit complicem absolvere, poenis et censuris per Constitutiones Benedicti XIV inflictis innodatus censeri debeat, consulat probatos auctores et praesertim S. Alphonsum de Ligorio." [6] Ipse S. Alphonsus de re tractans haec habet: "Quod nomine peccati turpis venit omne peccatum externum grave contra sextum praeceptum, licet sit solus

[5] *Sacramentum Poenitentiae*, n. 4; et *Inter Praeteritos*, n. 58.

[6] *Fontes*, n. 955.

tactus, sive colloquium, ut certe dicendum sentio cum pluribus doctis, quos consului super hoc iudicio, ab aliis immerito in dubium revocato." [7] Inter antiquiores qui requirebant peccatum completum carnis, vel etiam peccatum copulae consummatae, numeratur Vilaplana, auctor qui scripsit Mexici, anno 1764; quique citat Mattaeo uti eiusdem opinionis fautorem.[8] Eius ratio fundatur in paucitate sacerdotum in novo orbe existentium et in difficultate actuali ex parte poenitentis adeundi alium confessarium ac complicem quocum peccaverat; in eo, nempe, quod aliter defuerit copia confessariorum. Huic autem rationi iam anno 1775 satisfactum est responso Sancti Officii quod sic sonat: " . . . Et re quidem vera Vicario Apostolico Cocincinae sciscitanti: 2. An eadem Constitutio (i.e. *Sacramentum Poenitentiae*") restringi possit ac moderari in aliquo casu ob magnam confessariorum penuriam in eodem regno Cocincinae; iussu Pii VI anno 1775 opportuna instructione responsum fuit: ad 2. *Negative.*[9]

Hoc loco altera quaestio attendenda est, utrum nempe Constitutio "*Sacramentum Poenitentiae*" sermones turpes includere intendat necne. Iam vidimus S. Alphonsum docuisse opinionem affirmativam ab aliis immerito in dubium revocatam esse.[10] Attamen, non obstante sententia communi, aliqui auctores tenuerunt huiusmodi turpiloquium dicta Constitutione non comprehendi. Berardi [11] inter eos recenset Amort, Gury et D'Annibale. Et addit: "Ratio adducitur quod Pontifex loquitur modo de *crimine* (soli autem sermones non videntur esse crimen); modo de peccato turpi *commisso* (qui autem sola verba protulit, non dicitur peccatum turpe commisisse). Notat etiam D'Annibale, esse aphorismum juridicum quod *lubricum linguae ad poenam trahendum non est.*" [12]

Finis autem impositus est liti, et haec opinio ulterius omni fundamento caret, post responsum Sancti Officii 28 Maii, 1873. En Sancti Officii verba: "In Congregatione Generali S. Rom. et Univ. Inquisi-

[7] *Theologia Moralis*, lib. VI, n. 554.

[8] Vilaplana, *Enchiridion Canonico-Morale de Confessario ad Inhonesta et Turpia Sollicitante*, Mexici, 1764, disp. 5, q. 1, nn. 6-14.

[9] Cf. *Collectanea S. C. de Prop. Fide*, I, n. 509.

[10] *Op. cit.*, lib. VI, n. 554.

[11] E. Berardi, *Praxis Confessariorum* (ed. II, Bononiae, 1891), n. 4665.

[12] *Loc. cit.*

tionis habita coram Emis ac Revmis DD. S. Rom. Ecclesiae Cardinalibus contra haereticam pravitatem Inquisitoribus Generalibus, proposito ex parte E. P. D. Episcopi Aurelianensis dubio prout sequitur: An prohibitio absolvendi complicem in materia turpi restringi debeat ad tactus; an vero comprehendat omnia peccata gravia contra castitatem exterius commissa, etiam illa quae in meris aspectibus consisterent?

Iidem Emi Dni, omnibus mature perpensis, respondi mandarunt: Comprehendi nedum tactus, verum omnia peccata gravia et exterius commissa contra castitatem, etiam illa quae consistunt in meris colloquiis et aspectibus, qui complicitatem important." [13]

D'Annibale, itaque, in ulterioribus editionibus operis sui "*Commentarium*," sub n. 83, retrahit olim dicta de non includendis turpibus verbis, aspectibus.

Requiritur, praeterea, ut relate ad peccatum contra sextum haec tria interveniant: ut sit grave, externum, certum.

a) *grave*: in quo puncto omnes sequuntur Sanctum Alphonsum: "contra vero non comprehenduntur peccata venialia inhonestatis, sive sint ex parvitate materiae, sive ex defectu advertentiae, aut consensus; quia venialia non sunt de obligatione in confessione manifestanda." [14] Et suggeritur ratio: esset prorsus inane applicare in causa ademptionem iurisdictionis, et quidem ademptionem quae solum excluditur tempore periculi mortis et est aliter perpetua, peccato quod utpote veniale sine culpa potuerit reticeri. Accedit quoque quod Ecclesiae praxis universalis in hac re nec unquam respexit peccatum solummodo leve.[15]

[13] Cf. Berardi, *loc. cit.*; *N.R.Th.*, X (1878), 118; Pistocchi, *Canoni Penali*, p. 226; De Smet, *op. cit.*, n. 154; Bucceroni, *op. cit.*, n. 68, ad finem; Planchard, *op. cit.*, p. 5, nota 1; Coronata addit haec verba (*De Sacramentis*, IV, n. 2081): "Sanctitas Sua resolutionem approbavit et plene confirmavit."

[14] *Theologia Moralis*, lib. VI, n. 554; cf. Many, *op. cit.*, pp. 329, 330; Ciolli, *Commentario Practico Delle Censure Latae Sententiae oggidì in Vigore nella Chiesa*, ed. IV, Sienna, 1884, p. 83; Coronata, *op. cit.*, n. 2081; Salucci, *op. cit.*, n. 334; Merkelbach, *Quaestiones de Poenitentiae Ministro Eiusque Officiis*, ed. II (Liège: La Pensée Catholique, 1935), p. 106; Bucceroni, *op. cit.*, n. 68; De Smet, *op. cit.*, nn. 4, 5, 6, 7; Vilaplana, *op. cit.*, n. 2; D'Annibale, *op. cit.*, n. 83.

[15] Cf. Roberti, *De Delictis et Poenis* (Romae: Libraria Pontificii Instituti

b) *externum:* qua de re Sanctus Alphonsus haec habet: "idem . . . de mortalibus mere internis (i.e., non comprehenduntur), *vel non plene exterius significatis:* quapropter peccatum non erit reservatum, quamvis interius fuerit grave, si etiam exterius grave non fuerit." [16] Libidinosus ergo interior affectus prodire debet in actum sensibilem; ad quod non sufficit ut quislibet actus externus cum interno mortali coniungatur, sed ut actus externus sit praecise indicium et manifestatio dispositionis interioris, mortaliter quidem peccaminosus in ratione peccati externi; aliter enim deest complicitas duorum pluriumve in idem peccatum. Patetque ratio: si deest peccatum externum, probari numquam potest complicitas formalis requisita, et stante hoc dubio, non intercedit canon 884, qui, uti odiosus, restringi debet ad certa, et qui, in dubio iuris, iuxta canonem 15, non urget. Generatim peccata mere interna poenis non ligantur. Non negatur potestas, uti adnotat Benedictus XIV in suo opere "*De Synodo Dioecesana*"; [17] sed non est praxis Ecclesiae.

c) *certum:* en verba S. Alphonsi: "nec reservata esse mortalia dubia, ex dubio facti vel iuris, quia non videntur superiores velle reservare dubia, nisi expresse declarant; et hoc est iuxta communem sententiam . . . " [18] Quae sententia usque adhuc remanet communis.

COMPLEX ET COMPLICITAS:

Complex dicitur persona quacum peccator peccat. D'Annibale notat vocem esse parum latinam,[19] et suggerit aliam, *socius* peccati, i.e., ille est complex qui est socius vel particeps peccati.[20] Bucceroni haec habet: "Complicitas tunc habetur, cum adest duorum pluriumve exterius, vicissim seu mutuo declarata consensio, concordia, conspiratio in peccatum turpe . . . " [21] Many aliis verbis idem refert: "Ea vis est complicitatis, ut in re nostra importet duos in idem

Utriusque Iuris, 1938), nn. 38, 61, 244; Pauwels, *op. cit.*, n. 15, ad finem.

[16] *Op. cit.*, lib. VI, n. 554; consentiunt omnes auctores. Cf. praesertim Cappello, *De Censuris*, n. 178.

[17] Lib. V, c. 5, n. 5.

[18] *Op. cit.*, n. 554.

[19] *Commentarium in "Apostolicae Sedis,"* n. 83, nota 1.

[20] *Loc. cit.*, ubi memorat Romanos usos esse voce *conscius;* quae vox saepe saepius invenitur in legibus particularibus iam capite superiore visis.

[21] *Commentarius in "Sacramentum Poenitentiae,"* n. 68.

pcccatum grave externum consentire." [22] Ad rem sunt verba excerpta ex opere cui titulus "*Tractatus de Casibus Reservatis*" iussu Episcopi Gandavensis anno 1805 edito: " . . . Ex communi sententia Theologorum observa requiri peccatum mortale tam secundum actum internum quam externum, contra castitatem, commissum a Confessario cum poenitente, ita scilicet ut et Confessarius, et poenitens utrimque sint rei eiusdem peccati mortalis, interni simul et externi ex utraque parte, contra castitatem, adeo ut necessaria sit Confessarium inter et poenitentem libidinis internae et externae mutuae communicatio, ita quidem, ut possit censeri peccatum *unum,* quod commisit Confessarius cum poenitente. Ex his deducitur non esse Casum Complicis, si oriatur quidem utrimque motio carnalis, sed tamen utrique personalis, et respective incognita; quia ut Confessarius peccet *cum poenitente,* non sufficit unitas temporis, quo uterque peccat, sed requiritur unitas moralis actionis, seu communicatio in una moraliter actione."

Neque refert utrum complex sit mas vel femina, pubes vel impubes; et haec communis sententia omnino sequitur clarissima verba Constitutionum Benedicti XIV et Pii IX et Codicis Iuris Canonici: "persona complex," "qualiscumque persona," "complex," "complex in peccato turpi." Nullibi invenitur distinctio; requiritur solummodo ut adsit persona capax peccati gravis; aliter, enim, uti patet, deesset formalis complicitas requisita.[23]

Summatim, omnia elementa inveniuntur in definitione data a Coronata: "Complex hic dicitur persona quaecumque illa sit, sive mas sive femina, quae cum sacerdote, sive ante ordinationem sive post ipsam [24] sive agens sive patiens, culpa gravi interna et externa

[22] *De Absolutione Complicis,* apud *Le Canoniste Contemporain,* 1895, p. 329.

[23] Cf. Merkelbach, *op. cit.,* p. 107.

[24] Cf. responsum Sacrae Poenitentiariae, 22 Ianuarii, 1879: "Confessarium non posse absolvere complicem, cum quo ante sacerdotium, in puerili aetate, turpiter egit, nisi moraliter certus sit, ipsum iam ab alio confessario directe et valide a peccato complicitatis absolutum fuisse." Cf. etiam Lehmkuhl, *Theologia Moralis,* II, n. 935; D'Annibale, *In Constitutionem "Apostolicae Sedis" Commentarium* (ed. V, Romae: Desclée et Socii, 1909), n. 84, cum nota 10, quae antiquiores de re refert.

ultro citroque seu ex utraque parte, atque ultro citroque externe manifestata contra sextum decalogi praeceptum peccavit." [25]

Requiritur ergo peccatum grave externum in quod idem uterque consentiat, sive uterque cooperetur, ut in mutuis amplexibus, colloquiis, aliisque peccatis lethalibus, sive unus tantum operetur, utpote in peccatis solius tactus, dummodo adsit alterius partis consensus, ita ut nullo modo externe resistat. Nam si altera pars resistat externe, etsi interne consentiat peccato, deficit complicitatis formalitas. Et deficiente externa gravitate peccati ex una parte, cadit formalitas a Canone 884 requisita. Quod interest in casu peccati cum dormiente, invito, totaliter ebrio, amente, aut turpitudinem peccati ex conscientia erronea ignorante, seu bona fide non attendente.[26]

Hoc loco opportunum ducitur adiungere quaedam de notione complicitati aliquatenus germana, cooperatione in peccato. Cooperatio dicitur concursus, sive physicus sit sive moralis, in malam actionem alterius principaliter agentis, i.e., iam determinati ad agendum. Ad hunc canonem specialiter spectat cooperatio formalis, illa, nempe, quae concurrit ad formale peccatum alterius, seu ad ipsius malam voluntatem, ita ut necessario includat consensum in ipsum peccatum. Et haberi potest dupliciter: ex fine operis, quando res oblata ex sua natura ordinatur ad solum peccatum; et ex fine operantis, si concursus, etsi in se indifferens, praestatur ea praecise intentione ut alter pravam voluntatem suam exsequatur vel facilius exsequatur.[27]

Certo non desunt auctores qui tenent cooperationem, praesertim proximam, aequivalere complicitati illi de qua agit praesens canon 884. Pistocchi, exempli gratia, utitur terminis latissimis in canone 2209 adhibitis, i.e., "(sunt) complices . . . qui communi

[25] Coronata, *op. cit.*, IV, n. 2081; Sanctus Alphonsus, *op. cit.*, lib. VI, n. 68; Cappello, *De Sacramentis*, IV, n. 611; *De Censuris*, n. 175; Ciolli, *op. cit.*, p. 83, n. III; Cipollini, *De Censuris*, p. 93; Chelodi, *Ius Poenale*, n. 90; D'Annibale, *Commentarium in "Apostolicae Sedis,"* n. 84; De Smet, *De Absolutione Complicis et Sollicitatione*, n. 5; Merkelbach, *op. cit.*, p. 107; Many, *op. cit.*, p. 330; Vermeersch-Creusen, *Epitome Iuris Canonici* (ed. V, Mechliniae-Romae: H. Dessain, 1936), III, n. 570.

[26] Cf. Merkelbach, *op. cit.*, p. 107, III, n. 2.

[27] Cf. Aertnys-Damen, *Theologia Moralis*, I, n. 398.

delinquendi consilio simul physice concurrunt in delictum . . . "[28] Huic opinioni accedit quoque Bucceroni, qui in suam partem citat Alasia: "Confessarius invalide absolvit . . . poenitentem, cum quo convenit de seducenda muliere, licet postea non seduxerint, quia verificatur, hunc poenitentem esse socium conventionis iniquae contra castitatem; (vel) poenitentem, qui ipsi permiserit, ut peccaret cum propria uxore, vel filia, quia permittendo participat de crimine confessarii, ideoque complex est, quum complex et particeps unum idemque sint."[29]

Attamen Ballerini-Palmieri acriter oppugnant rationem ab Alasia latam; negant complicem et participem esse unum; "quia possum," aiunt, "esse particeps alicuius criminis, quin tamen id notum necessario sit alteri patranti crimen et sic absit complicitas."[30] Et haec opinio quae tenet cooperationem nullatenus esse complicitatem verior esse videtur; ei adhaerent Noldin, qui tenet cooperationem, "quantumvis proximam," non sufficere ut adsit dictus casus; et Coronata, iuxta quem "complex est is cum quo delictum committitur, non tertia aliqua persona."[31] Cappello rationes praestat: "Cooperatio, ut *cooperatio* licet *proxima*, est peccatum vel contra caritatem tantum, vel contra iustitiam si ius strictum alterius laedat, non autem contra castitatem; ideoque non sufficit, *qua talis*, ad constituendum casum complicitatis, de qua nunc agitur. Attamen si actus seu verba quibus cooperatio exprimitur et ad effectum demandatur, sint *graviter ac mutuo inhonesta*, ut vix non semper accidere solet, certe habetur complicitas, non quidem ratione cooperationis, sed ratione eorundem actuum seu verborum quae externam ac mutuam culpam gravem ex se ipsis constituunt."[32] Vermeersch, qui hanc defendit sententiam, sistit in ipsis verbis Constitutionis "*Sacramentum Poenitentiae*," quae verba repetuntur in Constitutione "*Apostolici Muneris*," "in peccato turpi atque inhonesto"; quae verba probabiliter requirunt peccatum *in se libidinosum*, seu uti aiunt Noldin-Schmitt, "complicitas imme-

[28] Pistocchi, *Canoni Penali*, p. 225.

[29] Bucceroni, *op. cit.*, n. 68, ad principium.

[30] Ballerini-Palmieri, *Opus Theologicum Morale*, V, n. 647.

[31] Noldin, *De Censuris*, n. 62; Coronata, *op. cit.*, IV, n. 2081.

[32] Cappello, *De Sacramentis*, II, 1, n. 612.

diata in ipsa actione turpi." [33] Denique, hanc opinionem omnino confirmare videtur responsum Sancti Officii diei 28 Maii, 1873. En eius verba:

> "In Congregatione Generali S. Rom. et Univ. Inquisitionis habita coram Emis ac Revmis DD. S. Rom. Ecclesiae Cardinalibus contra haereticam pravitatem Inquisitoribus Generalibus, proposito ex parte E. P. D. Episcopi Aurelianensis dubio prout sequitur: An prohibitio absolvendi complicem in materia turpi restringi debeat ad tactus; an vero comprehendat omnia peccata gravia contra castitatem exterius commissa, etiam illa quae in meris aspectibus consisterent?
>
> Iidem Emi Dñi, omnibus mature perpensis, respondi mandarunt: Comprehendi nedum tactus, verum omnia peccata *gravia et exterius commissa contra castitatem*, etiam illa quae consistunt in meris colloquiis et aspectibus, *qui complicitatem important.*"

Serio ergo examinandus est casus ubi habetur pactum iniquum, exempli gratia casus a Cappello introductus, si sacerdos conveniat cum Caio de seducenda Bertha ad turpia patranda; etsi quacunque de causa peccatum turpe cum Bertha non admittatur. Cappello tenet hic haberi complicitatem; Caium, nempe, ex pacto seductionis complicem esse. Quod facile verum esse potest, si verba inter sacerdotem et Caium ita turpia et inhonesta sint ut constituant et importent complicitatem; si vero non ita sint turpia atque inhonesta, deest, iuxta dicta, complicitas inter sacerdotem et Caium.[34]

INVALIDITAS:

Lex Codicis eadem est ac Benedictina. Haec sunt verba Constitutionis "*Sacramentum Poenitentiae,*" n. 4: " . . . Sublata propterea illi (Confessario) ipso iure quacumque auctoritate et iurisdictione ad qualemcumque personam ab huiusmodi culpa absolvendam; adeo quidem, ut absolutio, si quam impertierit, nulla atque irrita omnino

[33] Vermeersch, *Theologiae Moralis Principia-Responsa-Consilia* (ed. III, Romae: Universitas Gregoriana), III, n. 457; Noldin-Schmitt, III, 370; cf. Iorio, *op. cit.*, III, n. 613.

[34] Cappello, *De Sacramentis*, II, 1, n. 612.

sit, tamquam impertita a sacerdote, qui iurisdictione ac facultate ad valide absolvendum necessaria privatus existit, quam ei per praesentes has Nostras adimere intendimus . . . " Idem sonant verba Litterarum eiusdem Pontificis Encyclicarum "*Inter Praeteritos*," n. 58: " . . . Quemcumque confessarium omni auctoritate ac iurisdictione absolvendi personam complicem in peccato turpi et inhonesto contra sextum decalogi praeceptum privavimus, adeo ut absolutio ab eodem data nulla atque invalida remaneat, tamquam ab eo data qui a Nobis iurisdictione ad absolvendum necessaria in eo casu privatus est."

Hic notari potest casum complicis huius Canonis non esse proprie dictum casum reservatum. In casu enim reservationis superior quid sibi reservat, aut suo delegato aut alteri in iure indicato. In casu autem complicis iurisdictio confessario soli adimitur, ita ut quilibet alius confessarius poenitentem absolvere possit, secluso casu reservationis *a iure particulari*, exempli gratia, pro peccato sodomiae perfectae, vel alio specialis malitiae. Et hoc liquet etiam ex facto quod alia peccata reservata absolutione cessant; acriter autem disputatur utrum iurisdictio directa hoc Canone adempta, unquam postea redeat necne relate ad peccata complicitatis, etiamsi poenitens peccata huiusmodi rite alii confessario confiteatur et ab eo absolvatur. Est ergo, uti notat Pauwels[35] potius restrictio potestatis, quam facit Superior eadem auctoritate qua reservat.

Nec habetur in Canone poena. Sanctio enim poenalis invenitur in Canone 2367, et contrahitur non in casu complicitatis sed in casu *absolutionis* complicis. Poenitens semper libere accedere potest ad quempiam alium confessarium, uti vidimus; nec minus liber est confessarius complex.

PERICULUM MORTIS:

Constitutiones Benedicti XIV et Constitutio Pii IX "*Apostolicae Sedis*" alia terminologia utuntur ac Codex Iuris Canonici, nam in Canone habetur "periculum," in Constitutionibus "articulus." Articulus mortis habetur si homo in illo vitae discrimine invenitur quod natura sua et per se disponat ad mortem; urgens nempe periculum

[35] *Op. cit.*, XVII, 3, n. 608.

mortis proximae secuturae. Periculum vero mortis importat solidum dubium mortis proxime secuturae, quod dubium fundatur in experientia in similibus casibus. In illo mors moraliter certa est; in hoc prudenter timetur. Concesso autem discrimine, constans et communis sententia theologorum et canonistarum, sicuti confessariorum prudens praxis, statum unum alteri aequiparare consuevit; et eadem regula atque in casibus proprio sensu reservatis in hac materia usa est.

Concilium Tridentinum, S. XIV, C. 7, *De Poenitentia,* haec habet: "Verumtamen pie admodum, ne hac ipsa occasione aliquis pereat, in eadem Ecclesia Dei custoditum semper fuit, ut nulla sit reservatio in *articulo* mortis, atque ideo omnes sacerdotes quoslibet poenitentes a quibusvis peccatis et censuris absolvere possunt."[36] Rituale Romanum, ex alia parte, vocabulo *periculum* utitur, in Titulo III, Capite 1, De Sacramento Poenitentiae: " . . . Sed in periculo mortis omnes Sacerdotes, licet ad confessiones non approbati, valide et licite absolvunt quoslibet poenitentes a quibusvis peccatis aut censuris, quantumvis reservatis et notoriis, etiamsi praesens sit Sacerdos approbatus."[37] (Cuius ultima phrasis sane limitatur Canone 884 iuxta C. 882, C. I. C.) Et in sectione eiusdem capitis de ordine ministrandi Sacramentum Poenitentiae, sic pergit: "24. Si vero quis confiteatur in periculo mortis constitutus, absolvendus est ab omnibus peccatis et censuris, quantumvis reservatis (cessat enim tunc omnis reservatio) . . . " Haec verba maxime intersunt, quia eadem sunt atque illa Ritualis temporis Benedicti XIV, uti liquet ex textu Pauwels, qui scripsit anno 1750.[38]

S. Alphonsus eamdem doctrinam tradit: "In hac materia pro eodem accipitur articulus, et periculum . . . In tali enim periculo quisque existens in mortali eodem modo tenetur confiteri, ac si esset in articulo modo tale periculum sit adeo grave, ut vix distingui certo possit ab articulo: sed verius sufficere videtur, quod adsit prudens timor mortis ex illo eventurae."[39]

Post Codicem non remanet vel ulla difficultas; relate ad hanc

[36] Denzinger-Bannwart-Umberg, n. 903.

[37] *Rituale Romanum*, ed. 1925.

[38] Pauwels, *op. cit.*, Prolegomenon II, nn. 55, 57.

[39] *Op. cit.*, n. 561.

thesim alterum vocabulum alteri aequivalet, nam in Canone 884 habetur "*periculum,*" in Canone 2367 eamdem materiam tractante, "*articulus.*"

D'Annibale periculum mortis definit: "Illud rerum discrimen in quo, cum quis constitutus est, ipsum et superesse et occumbere posse, utrumque est vere graviterque probabile."[40] Nec interest utrum causa periculum constituens sit intrinseca vel extrinseca; et dantur ab auctoribus multa exempla: infirmitas vi cuius multi alii e vita decesserunt; vulnus a peritis grave consideratum; partus qui a medicis timetur periculosus, utrum ratione experientiae priorum partuum an alicuius praesentis circumstantiae, ad quod caput reduci plurimum potest primus partus; aetas provecta; bellum, relate ad militem, vel etiam relate ad eos qui gravi subsunt periculo incursionis aëreae; iter periculosum sive maritimum sive aereum; operatio chirurgica sat gravis; cura infirmorum tempore pestis vel morbi epidemici vel pandemici; periculum amentiae perpetuae; et generatim, ad regulam quam tradit Berardi, quando iuxta Ecclesiae praxim SS.mum Viaticum infirmo administrari potest.[41]

Hic opportune addi possunt responsa S. Poenitentiariae de re quae data sunt die 18 Martii, 1912 et die 29 Maii, 1915: "Proposito huic sacrae Poenitentiariae dubio: 'Utrum miles quicumque in statu bellicae convocationis, seu, ut aiunt, *mobilitationis,* constitutus, ipso facto aequiparari possit iis qui versantur in periculo mortis, ita ut a quovis sacerdote possit absolvi?'

R. Detur responsum diei 18 Martii, 1912, ad Episcopum V., nempe: *Affirmative,* iuxta regulas approbatis auctoribus traditas."[42]

Demum, sufficit ut periculum mortis de quo loquitur prudenter adesse iudicatur, iuxta rationabilem praesumptionem, e.g. iuxta iudicia sat gravia peritorum medicorum si agitur de morbo, etiamsi postea invenitur defuisse. Et ratio est, evidenter, salus animae poenitentis

[40] *Summula Theologiae Moralis,* ed. V, Romae, 1908, I, n. 38.

[41] Berardi, *op. cit.,* n. 4664; cf. etiam Vilaplana, *op. cit.,* Disp. V, Q. 5, nn. 1, 2, 3; Pauwels, *op. cit.,* n. 27; Cappello, *De Censuris,* n. 114; Coronata, *op. cit.,* IV, n. 2082; Chelodi, *op. cit.,* n. 35, cum nota 1; Many, apud *Le Canoniste Contemporain,* XVIII (1895), p. 339; Merkelbach, *op. cit.,* p. 112.

[42] *AAS,* VII (1915), 282.

hic et nunc, iuxta humanum iudicandi modum, in tali periculo constituti.[43] Recolenda sunt verba Constitutionis "*Apostolici Muneris,*" n. 4: " . . . non intendimus enim pro formidando mortis articulo eidem Sacerdoti, quantumvis indigno, necessariam iurisdictionem auferre, ne hac ipsa occasione aliquis pereat." Pergit Cappello: "Aliquando enim difficile est distinguere verum et reale periculum a periculo tantum existimato et apparenti. Proinde Ecclesia merito praesumitur iurisdictionem in casu tribuere, ne dubiis et anxietatibus via recludatur." [44]

Etsi severissima lex canonis 884 invalidam reddit absolutionem complicis praeterquam in mortis articulo, et etiam in articulo mortis illicitam excepto casu necessitatis, consentiunt tamen auctores fere omnes casum *extremae necessitatis* excludi a lege, *ex epikeia benigna;* haec necessitas ad duplicem casum reducitur: si agatur de loco, ubi nullus adsit confessarius, praeter complicem, nec probabilis affulgeat spes, quod confessarius sit superventurus; et si, urgente praecepto annuae confessionis et communionis paschalis, desit alius confessarius cui mulier confiteri possit, aliumque non possit adire, nec possit omittere susceptionem sacramentorum sine gravi scandalo et infamia. Etiamsi lex ipsa non videtur admittere exceptionem, difficile tamen esset auctorum numero contradicere. Si ergo salus animae poenitentis in his casibus fundamentum est epikeiae, illi satis videtur provideri si peccatum complicitatis indirecte remittatur, alia autem peccata directe.[45] Practice, ergo, concedunt auctores adesse dubium iuris; quo spectato, secundum tenorem canonis 15, confessarius potest tum valide tum licite absolvere complicem in his casibus.

[43] Cf. Cappello, *De Sacramentis,* II, n. 629; Coronata, *op. cit.*, n. 2082.

[44] Cappello, *loc. cit.*

[45] Inter auctores qui hanc benignam epikeiam admittunt numerantur: De Smet: *op. cit.*, n. 12; Noldin, *Summa Theologiae Moralis,* III, n. 386; Santi-Leitner, *op. cit.*, V, p. 223; Vermeersch, *op. cit.*, III, n. 457; Cappello, *De Sacramentis,* II, 1, n. 632; *De Censuris,* n. 182; Iorio, *op. cit.*, III, n. 612; Cerato, *op. cit.*, n. 141, in nota; D'Annibale, *Summula,* III, n. 324, nota 37; Ballerini-Palmieri, *op. cit.*, V, n. 655; Aertnys-Damen, *op. cit.*, II, n. 401; Bucceroni, *op. cit.*, n. 68; Pennacchi, *op. cit.*, p. 316 sq.; Lehmkuhl, *Theologia Moralis,* n. 936; Berardi, *op. cit.*, n. 4681; Chelodi, *op. cit.*, n. 90; Many, *op. cit.*, p. 337.

Casus necessitatis

Ex verbis constitutionum Benedicti XIV patet absolutionem sacerdotis in complicem validam esse in periculo mortis; illicitam tamen esse, etiam in periculo mortis, nisi intercedat casus necessitatis. Limites huiusmodi casus necessitatis a Constitutionibus "*Sacramentum Poenitentiae*" et "*Apostolici Muneris*" exacte statuuntur.

In Constitutione "*Sacramentum Poenitentiae*" sic ordinatur materia; in n. 4: " . . . interdicimus et prohibemus, ne aliquis eorum (sacerdotum), extra casum extremae necessitatis, nimirum in ipsius mortis articulo, et deficiente tunc quocumque alio sacerdote qui confessarii munus obire possit, confessionem sacramentalem personae complicis in peccato turpi atque inhonesto, contra sextum Decalogi praeceptum commisso, excipere audeat . . . " Haec prima doctrina etiam clarior evadit si adduntur praecepta Constitutionis "*Apostolici Muneris.*" Reperiuntur in nn. 2, 3, 4: " . . . declaramus, ita interdici re ipsa et prohiberi praedicto modo tunc audire et absolvere, ut si alius aliquis Sacerdos non defuerit, etiamsi forte iste alius simplex tantum modo Sacerdos fuerit, sive alias ad Confessiones audiendas non approbatus, possit nihilominus ipse Sacerdos simplex Confessionem excipere ac absolutionem impertiri. 3. Porro, si casus urgentis qualitas, et concurrentes circumstantiae, quae vitari non possint, eiusmodi fuerint, ut alius Sacerdos ad audiendam constitutae in dicto articulo personae Confessionem vocari, aut accedere, sine gravi aliqua exoritura infamia vel scandalo nequeat; tunc alium Sacerdotem perinde haberi, censerique posse, ac si revera abesset, atque deficere ac proinde in eo rerum statu, non prohiberi socio criminis Sacerdoti absolutionem poenitenti ab eo quoque crimine impertiri. Sciat autem complex eiusmodi Sacerdos, et serio animadvertat, fore se re ipsa coram Deo, qui irrideri non potest, reum gravis adversus praedictam nostram Constitutionem inobedientiae, latisque in ea poenis obnoxium, si praedictae infamiae, aut scandali pericula sibi ultro ipse confingat, ubi non sunt: imo intelligat, teneri se graviter huiusmodi pericula, quantum in se erit, antevertere, vel removere, opportunis adhibitis mediis, unde fiat, ut alteri cuivis Sacerdoti locus pateat illius confessionis, absque ullius infamia vel scandalo, audiendae. Ita enim ipsum teneri vigore memoratae nostrae Constitutionis declaramus; et nunc quoque ita ipsi faciendum esse districte mandamus et praecipimus. 4. Quod si idem Sacerdos aut quovis modo sese nulla gravi necessitate compulsus ingesserit, aut, ubi infamiae vel scandali periculum timetur, si alterius Sacerdotis opera requirenda sit, ipse ad id periculum avertendum congrua media adhibere de industria neglexerit, atque ita personae in dicto crimine complicis, eoque in articulo, ut praefertur, constitutae Sacramentalem Confessionem excipere, ab eoque crimine absolutionem largiri, nulla, sicut praemittitur, necessaria causa cogente, praesumpserit; quamvis huiusmodi absolutio valida futura sit, dummodo ex parte poenitentis dispositiones a Christo Domino ad Sacramenti Poenitentiae valorem requisitae non defuerint: non intendimus enim pro formidando mortis articulo eidem Sacerdoti, quantumvis indigno, necessariam iurisdictionem auferre, ne hac ipsa occasione aliquis pereat, nihilominus Sacerdos ipse violatae ausu eiusmodi temerario Legis poenas nequaquam effugiet; ac propterea latam in dicta Constitutione maiorem excommunicationem, eodemque plane modo, quo ibidem decernitur, Nobis et huic Sanctae Sedi reservatam, incurret, prout illum eo ipso incurrere declaramus, volumus, atque statuimus."

Quando, igitur, adest periculum mortis, non remanet argumentum de validitate vel de invaliditate absolutionis sacerdotis complicis; semper valida est, iuxta principia Constitutionis "*Apostolicae Muneris*," n. 4: " . . . non intendimus enim pro formidando mortis articulo eidem Sacerdoti, quantumvis indigno, necessariam iurisdictionem auferre, ne hac ipsa occasione aliquis pereat . . . " Attamen absolutio complicis *illicita* manet nisi haec sequentia concurrunt:

a) Alius sacerdos deest, sive simplex sive alias ad confessiones audiendas non approbatus. Hic alius sacerdos potest esse neo-sacerdos qui nondum facultates dioecesanas recepit; vel religiosus qui numquam facultates recepit; vel sacerdos extradioecesanus qui requisitas facultates dioecesis in qua nunc moratur non habet; quivis, nempe, sacerdos, cuiuscumque ritus, dummodo sit in unione cum Sancta Sede, et dummodo non sit et ipse complex cum poenitente in peccato gravi, mutuo, externo, iuxta dicta, contra sextum Decalogi praeceptum. Quaestio oriri potest utrum termini in casu includere debeant sacerdotem excommunicatum vel suspensum vel interdictum.

In Constitutione enim "*Sacramentum Poenitentiae,*" n. 4, habentur verba " . . . qui confessarii munus obire *possit* . . . "; at in Constitutione "*Apostolici Muneris*" verba " . . . sive *alias* ad confessiones audiendas non approbatus . . . " Auctores qui rem tractant fere unanime negant. Pennacchi, exempli gratia, quaestionem sic exponit,[46] " . . . manifestum esse puto in communi usu loquendi receptum esse, per sacerdotem non adprobatum ad Confessiones intelligi eum, cui nondum eiusmodi facultas facta fuit, non autem suspensum vel excommunicatum; cum autem, ut dixi, lex sit odiosa, stricto sensu eam interpretari debemus. Equidem quis dicturus erit, etiam suspensos et excommunicatos dici posse non adprobatos ad confessiones, et tales esse reapse; nam quod dici possint concedo; quod usu comuni loquendi dicantur concedere non possum; hi enim dicuntur sacerdotes suspensi, presbyteri suspensi, Religiosi suspensi ab audiendis confessionibus; Benedictus XIV autem certe usus est comuni loquendi ratione . . . " Et paulo inferius:[47] "Paucis: lex haec est odiosa et stricte interpretanda: verba tum Benedicti tum Pii Papae IX obvio sensu, possunt, imo debent intelligi de Sacerdote nondum ad confessiones approbato, idque nedum ex significatione verborum, sed etiam Ecclesiae sensu, quae administrationem sacramentorum sacerdotibus notorie indignis, quales plerumque sunt suspensi et excommunicati, non vult committere, neque eos iis Sacerdotibus praeferre, qui quamvis indigni et ipsi sint, tamen eorum iniquitas soli Deo nota est; per hos Sacerdotes suspensos et excommunicatos minime paci et tranquillitati morientis Romani Pontifices consuluissent; non sunt ergo hi in casu Confessario complici praeferendi; qua de causa hic, praesente sacerdote publice suspenso vel excommunicato ita agere potest ac debet veluti si nullus alius adsit sacerdos qui morientis confessionem excipere possit, ideoque illum audire et absolvere."

Many[48] iisdem argumentis utitur, et hanc opinionem suam facit. Citat pro sua parte non tantum Pennacchi sed et Rota. Accedunt

[46] *Op. cit.*, p. 336.
[47] *Op. cit.*, p. 337, ad finem.
[48] *Op. cit.*, p. 340.

quoque Berardi,[49] qui et ipse sequitur Pennacchi, et Cappello.[50] Hic ultimus sequentia adiicit: "Sententia negativa videtur omnino praeferenda, si agatur de excommunicato vel suspenso per sententiam condemnatoriam vel declaratoriam: tum quia mens Ecclesiae hac in re sat manifesto colligitur nedum ex canone quem nunc expendimus (C. 884), verum etiam ex can. 2261, § 3; tum quia vix sine scandalo vel infamia vocari potest sacerdos ita excommunicatus aut suspensus."

b) Alius sacerdos vocari aut accedere nequit sine gravi aliqua exoritura infamia vel scandalo. Quae quidem impossibilitas vocandi vel accedendi tam physica quam moralis esse potest; physica, nempe, si non adest alius sacerdos, ac ille sacerdos complex, in partibus de quibus agitur, quod facile accidere potest in regionibus missionariis; vel in casu in quo alius sacerdos, si adest, ad poenitentem venire non potest. Et notandus est casus in quo alius sacerdos, advocatus, intervenire quavis de causa recusat, vel interventus confessionem sacramentalem excipere et absolutionem impertiri renuit; in his circumstantiis, uti notant Bucceroni[51] et Cappello[52] idem est ac si non esset copia alius confessarii, et complex tum valide tum licite pergere potest ad confessionem audiendam et absolutionem concedendam. Alia impossibilitas, moralis, intervenit, exempli gratia, si iter ab alio sacerdote faciendum ut moribundum visitet ita arduum est ut realiter grave incommodum esset; aut si ratione itineris faciendi aut aliarum conditionum sumptus sat magni impendendi sunt. Uti facillime concipi potest, elementum secundum, infamiae vel scandali, in his ultimis casibus non raro intercedere potest.

Sufficit hic notare impossibilitatem moralem vocandi alium sacerdotem reduci ad impossibilitatem physicam si moribundus adeo morti est proximus ut non remaneat tempus alium vocandi. Quod valet, uti patet, etiamsi quasi praesto sint alii sacerdotes vel confessarii. Prima enim lex est salus poenitentis. Et in dubio, iuxta Cappello,[53] favendum est moribundo.

[49] *Op. cit.*, n. 4667.

[50] *De Sacramentis*, II, 1, n. 630; *De Censuris*, n. 181.

[51] *Op. cit.*, n. 66.

[52] *De Sacramentis*, II, 1, n. 629, 2, 2°.

[53] *De Sacramentis*, *loc. cit.*, 4°.

Dictum est: "sine gravi aliqua exoritura infamia vel scandalo." Infamia est privatio vel diminutio boni nominis et existimationis hominum proborum et gravium.[54] Scandalum habetur uti dictum vel factum minus rectum praebens alteri occasionem spiritualis ruinae.[55] Rem tractans, Coronata haec habet: "Non est necesse ut infamia sit absolute gravis, dicitur enim gravis aliqua [exoritura] infamia. (Constitutio "*Apostolici Muneris,*" n. 3, can. 2367). Deinde notant etiam auctores in hac re *si vel solum probabilis suspicio detur huius criminis seu peccati complicitatis iam gravem infamiam haberi et grave scandalum.* Gravis autem infamia haberi potest tam pro confessario quam pro poenitente complice. Alterutra vitanda a delicto excusat."[56] Hi et alii casus infamiae ab auctoribus citantur: si vocatur parochus occulte complex pro moribunda, et ipsa neque vicarium neque alium sacerdotem substituere potest sine magna suspicione vel admiratione; si moriens certe aut verisimiliter ita recusaret confessionem apud alium facere ut videretur dispositus esse aliquid sacrilege reticendi; si moriens vocat complicem et etiam post monitionem de alio vocando complex confessarius dubitat de poenitente, an paratus sit necne rite alii confiteri, ratione admirationis circumstantium, si parochus complex, iam praesens, qui debet titulo parochi moribundis assistere, non potest sine scandalo abire longe ut alii locus sit, suo enim officio graviter deesse videtur.[57]

Negari non potest addesse quamdam poenitentis infamiam apud confessarium ex quacumque confessione; hac in causa adesset apud substitutum infamia tum poenitentis tum sacerdotis complicis; quae etsi esset gravis non excusaret ab obligatione substitutum illum vocandi; seclusa admiratione aliorum, haec infamia in causa est sacramento intrinseca, et optime tegitur sigillo sacramentali.

c) Infamia vel scandali periculum *realiter* adesse debet, et non ab imaginatione vel confessarii vel poenitentis confecta. Cessat ergo causa excusans si sacerdos complex poenitenti moribundo persua-

[54] Cf. Aertnys-Damen, *Theologia Moralis,* II, n. 1096.

[55] Cf. S. Thomam, *Summa Theologica,* II, Q. 43, a. 1.

[56] Coronata, *Institutiones Iuris Canonici,* IV, n. 2083.

[57] Cf. Berardi, *op. cit.,* n. 4666; Coronata, *op. cit.,* n. 2083, nota 2, ubi citat Ballerini-Palmieri.

deret haberi apud adstantes vel vicinos admirationem advocato alio confessario cum re vera admiratio deesset. Simili modo cessat si habetur admiratio solius medici aut matronae vel unius duorumve adstantium; dummodo absit verum periculum evulgationis harum notitiarum.

d) Talis esse debet infamia vel tale scandali periculum ut averti aut removeri non possit a sacerdote complice, opportunis adhibitis mediis. Debet, ergo, poenitens praemoneri, si fieri potest, de alio sacerdote vocando ad confessionem accipiendam, antequam in periculo mortis fuerit constitutus. Si iam est taliter constitutus sacerdos complex, uti docet Berardi [58] "non facile deberet recusare (preces poenitentis ut intercedat) maxime obstinate; sed potius se conferre ad illam eamque rogare ut apud alium nihil reticendo confessionem faciat. Ex responsionibus intelliget an opus sit ut confessionem audiat ipse, an vero bene fieri possit ut, absque periculo animae et absque suspicionibus, confessio fiat apud alium, qui (v.g. occasione seu praetextu visitationis aut benedictionis) ad eandem se conferat." Quandoque, si non adest periculum recusationis, sufficit praetextus a parte sacerdotis complicis, verbi gratia aliorum moribundorum curae, ita ut alius sacerdos immediate a poenitente vel ab adstantibus vocetur.

Consideranda quoque est causa in qua poenitens alii ac complici confiteri recusat. Si hoc facit ex seipso, non ad id motus persuasionibus vel argumentis sacerdotis complicis, absolutio tam valida est quam licita, iuxta dicta in Canone 2367, § 1: "Absolvens vel fingens absolvere complicem in peccato turpi incurrrit ipso facto in excommunicationem specialissimo modo Sedi Apostolicae reservatam; idque etiam in mortis articulo, si alius sacerdos, licet non approbatus ad confessiones, sine gravi aliqua exoritura infamia et scandalo, possit excipere morientis confessionem, *excepto casu quo moribundus recuset alii confiteri.*" Si autem poenitens ita se gerit quia huiusmodi recusatio ei a sacerdote effective suggesta est, tunc absolutio est valida, ratione periculi mortis (cf. Constitutionem "*Apostolici Muneris,* n. 4) graviter tamen illicita; evidenter enim sacerdos congrua media alium adhibendi sacerdotem neglexit, ideoque tenetur censura.

[58] *Op. cit.,* n. 4666.

Cur, praecise, deest alius confessarius? Vel, si adest, cur poenitens ei confiteri recusat? Propter argumenta et persuasiones ipsius sacerdotis complicis. Nullatenus effugit legem, nam cadit casus necessitatis qui solus etiam in periculo mortis licitam reddit absolutionem.

Quid si in periculo mortis, existente casu necessitatis, sacerdos incipit confessionem excipere; advenit autem alius sacerdos antequam confessio perficitur et absolutio datur? Iuxta fere unanimen auctorum consensum sacerdos complex et valide et licite prosequi ministerium potest. Et ratio, uti datur a Bucceroni, haec est: "Quia quando audire incepit, id per Pontificem, iurisdictionem illi dantem, licebat; iurisdictio autem haec per adventum alterius non expirat: quia nimirum confessio, pro qua collata iurisdictio est, cum coepta solum ponatur, nondum est integra, seu perfecta." [59] Eadem ratio affertur a Cappello pro hac causa: " . . . inceptam confessionem explere potest (sacerdos complex), quia, re non integra, iurisdictio perseverat, donec negotium fuerit absolutum . . . " [60] Haec ratio autem non nimis suadet; non enim est quaestio de cessatione iurisdictionis; perdurat iurisdictio dum adest periculum mortis, iuxta praescripta Constitutionis "*Apostolici Muneris,*" n. 4, et Canonis 884 Codicis Iuris Canonici: "Absolutio complicis in peccato turpi invalida est, *praeterquam* in mortis periculo . . . " Argumentum solidius, uti videtur, citatur a Berardi, qui punctum ponit non in iurisdictione suppleta pro causa mortis, sed in iudicio iam incepto et ordinarie saltem finiendo: "Iudicium enim iam est incoeptum, nec Bulla Benedicti XIV obligationem imponit illud interrumpendi; et in praxi vix possibile erit, absque gravi periculo infamiae, scandali, et magnae turbationis poenitentis, huiusmodi substitutionem facere, confessione iam incoepta." [61] Coronata eodem argumento utitur: [62] " . . . potest valide non solum sed etiam licite complicem absolvere, etiam transacto mortis periculo, quia ubi coeptum est iudicium ibi et finem accipere debet."

Quid autem si stante periculo mortis sacerdos complex incipit con-

[59] Bucceroni, *op. cit.*, n. 62.

[60] Cappello, *De Sacramentis*, II, 1, n. 630.

[61] Berardi, *op. cit.*, n. 4668. Cf. D'Annibale, *Commentarium*, n. 81.

[62] *Op. cit.*, n. 2083, ad finem.

fessionem complicis excipere, pertransit autem hoc periculum antequam sacramentum per absolutionem completur? Negare videtur Pennacchi huiusmodi confessarium vel valide vel licite pergere ad absolutionem. His movetur considerationibus: " . . . constat: 1°, non esse in intentione legislatoris ut Confessarius confessionem complicis excipiat, eique sacramentalem absolutionem largiatur; 2°, id permitti tantummodo in mortis articulo, et deficiente quocumque alio sacerdote; 3°, eum teneri ad eliminanda scandali et infamiae pericula quae timeri possint; 4° excommunicationem incurri ob absolutionem non ob peccatorum auditionem; 5° nullam esse legem, quae statuat iudicium eiusmodi ab eo compleri debere a quo incoeptum fuit, sicut extant pro aliis iudiciis . . . "[63] Alii tamen auctores communiter affirmant confessarium posse *valide* absolutionem impertiri, ratione vel iurisdictionis perseverantis[64] vel iudicii iam incoepti.[65] Quando vero agitur de *liceitate* absolutionis concedendae in causa, accedentes validitati huiusmodi absolutionis communiter sedulo distinguunt. Discrimen magnum ponunt inter casum sacerdotis *legitime* talem confessionem complicis audiendi incipientis et casum sacerdotis *illegitime* incipientis. Legitime quidem partes confessarii agit complex sacerdos qui prudenter cognoscit adesse, in ipso

[63] Pennacchi, *op. cit.*, p. 341.

[64] Cf. Bucceroni, *op. cit.*, n. 63; qui post repetitionem dictorum de praecedenti quaestione, haec addit: "Alia ratio desumitur, ex incommodo maximo, quod sequeretur, si poenitens confessionem apud alium iterare deberet, hoc enim quam maxime ab Ecclesiae benignitate alienum est." Cf. etiam Many, *op. cit.*, p. 341: "Statim ac, in articulo vel periculo gravi mortis, sacerdos complex legitime coepit audire confessionem personae complicis, potest hanc confessionem ad felicem exitum perducere per absolutionem, etiamsi interea evanesceret periculum grave mortis, vel superveniret alius sacerdos. Ratio est quia res non est amplius integra; commune est autem, in iure canonico, quod iurisdictio data ad aliquod negotium, statim ac ita negotium coeptum est, ut canonice res non sit amplius integra, iurisdictio non cessat, etiamsi res eo devenerit, ut iurisdictio communicari non potuerit: quae doctrina a S. Ligorio applicatur confessioni sacramentali, et dicitur ab ipso *communis;* lib. VI, n° 563, ad V. Ita etiam Rota, p. 105-106; Piat, *Commentarius in Bullam Apostolicae Sedis*, p. 83, quamvis alii aliter sentiant."

[65] Berardi, *loc. cit.;* Coronata, *loc. cit.;* Vermeersch-Creusen, *Epitome*, II, n. 159.

momento primae auditionis, tum periculum mortis tum casum necessitatis in sensu iam exposito, i.e., impossibilitatem vel alium sacerdotem vocandi, licet non approbatum ad confessiones (C. 2367, § 1), vel alium adeundi, sine gravi aliqua exoritura infamia et scandalo. (Item, C. 2367, § 1) Illegitime agit qui contra praecedentia praescripta procedit. Berardi, exempli gratia, quaestionem sic tractat: "Si complex coepisset *legitime* confessionem audire, et postea (confessione non adhuc absoluta) periculum mortis cessaret vel alius Confessarius in promptu esset; tunc . . . communius opinantur quod iurisdictio quoad validum et quoad licitum perduret . . . "[66] Bucceroni, ad quaestionem "An sacerdos complex, si complicis confessionem incipiat audire in articulo mortis, stante necessitate, possit deinde, transacto mortis periculo, confessionem perficere et absolvere?" sic respondit: "Affirmative," adiungens rationes iam in praecedenti quaestione visas.[67] Accedit quoque Coronata, unacum Many,[68] qui cum De Smet plene concordant.[69] De Smet considerat casum satis rarum et "parum practicum." In his autem diebus invasionum aërearum, quando cives, aeque ac milites in acie, in periculo instantis mortis frequenter inveniuntur, casus facile accidere potest.

Hi omnes, sicuti et alii qui sequuntur auctores, recte asserunt *illiceitatem* absolutionis sacerdotis qui illegitime incoepit, excepto solo casu qui sequitur.

Casum ulterius *protrahit* Cappello, quaerendo: "An graviter peccet et censura mulctetur sacerdos complex, qui, citra necessitatem, complicis confessionem audiat in articulo mortis, si antequam absolvat facti eum poeniteat, deinde vero absolvat ob circumstantiam inchoatae confessionis?"[70] Huic quaestioni respondet Bucceroni rationes ex utraque parte afferendo: pro parte affirmante censuram et grave peccatum adesse, quod nulla fuerit initio confessionis iurisdictio confessarii, cum non fuerit iuridice incoepta, et nulla remanet in eius

[66] Berardi, *loc. cit.*

[67] Bucceroni, *loc. cit.*

[68] Coronata, *loc. cit.*; Many, *loc. cit.*

[69] De Smet, *Tractatus de Casibus Reservatis necnon de Sollicitatione et Absolutione Complicis* (Brugis: 1914), n. 203, ad finem; n. 211, ad finem.

[70] Cappello, *op. cit.*, II, 1, n. 631.

continuatione. Pro alia parte, magis ei, uti videtur, placente, has rationes sequentes affert, ex Gury: "1° Non incurrit poenam pro sola confessione incoepta, quia non incurritur illa poena, nisi confessio absolutione compleatur. 2° Neque incurrisset absolvendo post mutatam voluntatem in melius, et contritionem de eo peccato elicitam; nam nemo incurrit excommunicationem per actum, qui ex una parte omitti amplius non potest, et ex altera parte omni culpa caret, immo factus obligatorius. Etenim tunc incurritur excommunicatio, quando sine ulla necessitate (scandali et infamiae vitandae) absolutio a complice impertitur. At confessarius, audita poenitentes confessione, eum absolvere cogitur; ergo excommunicationem non incurrit." [71] At prima ratio non videtur valere: iurisdictio enim competit etiam sacerdoti complici quandocumque obtinet casus periculi mortis, secundum Constitutionem "*Apostolici Muneris,*" n. 4, et C. 884. Negativae parti annuens, Berardi haec suggerit: "Estne ergo admittendum quod censura incurratur *solum* quando actu absolutionis *adhuc possibile esset* advocare alium Sacerdotem?" [72] Obstat De Smet, his verbis [73] "censuram incurreret complex qui, praesente alio sacerdote, illegitime incoeperit confessionem audire, non tantum si absolvit, cum posset ab absolutione danda abstinere sine gravi incommodo, sed etiam si, ante absolutionem factus poenitens, nonnisi coactus absolvit, attento scilicet gravi incommodo ab absolutione danda abstinendi. Ratio est quia, si momento absolutionis sine gravi incommodo ab absolutione abstinere nequeat, hoc incommodum praevenire graviter neglexit." Difficultas autem optime solvitur a Cappello: "Ita distinguendum: vel sacerdos *sine gravi exoritura infamia aut scandalo potest inchoatam confessionem interrumpere atque absolutionem omittere, ita quidem ut alius presbyter commode advocari queat, vel non.* Si primum, excommunicatione tenetur; si alterum, censuram non incurrit." [74] Si ergo confessarius poenitentia ductus, aut abrumpit confessionem, sine infamia vel scandalo, praesente alio

[71] Bucceroni, *op. cit.*, n. 79.

[72] Berardi, *op. cit.*, n. 4669.

[73] De Smet, *De Censuris*, n. 211, p. 169, nota 1, notans *N. R. Th.*, III (1871), 611, sq.

[74] Cappello, *De Sacramentis*, II, 1, n. 631.

sacerdote, aut ministerium continuat vere poenitens, quia, exempli gratia, iam discessit alius sacerdos, minime illicite agit.[75]

Remanet tandem discutienda quaestio integritatis confessionis. Quid enim si poenitens complex aliqua solum peccata confessario complici confiteatur, in periculo mortis et casu necessitatis? Iuxta principia Theologiae Moralis ea peccata quae vel verbis vel nutibus sufficienter expressa sunt remanent directe remissa, et hoc verum est etiam de peccatis complicitatis; quae autem peccata poenitens non potuit confiteri indirecte sunt remissa, quia potestati clavium non directe oblata sunt. In periculo enim mortis huiusmodi confessarius omnia valide remittit; et stante casu necessitatis, etiam licite agit circa peccata complicitatis, ad normam evidentem Canonis 884. Ut autem ad ulteriora accedatur: an sacerdos complex, complice in periculo mortis absoluto, urgente necessitate, eius deinde confessionem, illo periculo transacto, ratione integritatis perficere possit? Sane distinguendum est cum Bucceroni, qui citat Gury: "Vel poenitens peccata complicitatis omnia nutibus sufficienter expressit, vel non. Si prius, sacerdos complex confessionem ratione integritatis perficere potest; secus non potest. Ratio primi est, quia per absolutionem validam peccata complicitatis directe remissa sunt, adeoque ipsa complicitas directe destructa est, et sacerdos complex sicut alius quilibet ab aliis absolvere potest. Peccata enim illa non sunt amplius materia confessionis necessaria, sed materia libera tantum, sicut peccata venialia, aut mortalia iam patefacta. Ergo iam non existunt ratione obligationis confessionis. Ergo ruptum et complicitatis vinculum, seu desiit complicitas perinde ac si nunquam exstitisset. Ratio secundi est, quia tunc adhuc perdurat complicitatis vinculum; peccata enim reliqua nonnisi indirecte remissa sunt, utpote in confessione omissa. Ergo illa peccata remanent materia confessionis necessaria. Ergo non currit complicitatis ratio, sed contra corruit iurisdictio." [76]

[75] Accedit huic opinioni et Iorio, *op. cit.*, n. 604, 3°: " . . . Imo etiam si *illicite* incepta fuerit (confessio) et ante datam absolutionem de eo poenituerirt, et postea datur absolutio ratione inceptae confessionis, confessarius complex excommunicationem effugiet, eo quod absolutio valida et licita erit. Ferreres II, 687, q. 4°."

[76] Bucceroni, *op. cit.*, n. 64.

Eandem doctrinam habet Cappello: "E contra, sacerdos qui complicem in mortis articulo absolverit, urgente necessitate, non potest, quin censuram incurrat, periculo transacto, excipere, ratione integritatis, confessionem peccatorum nondum clavibus Ecclesiae directe submissorum, si peccatum ipsum complicitatis adhuc maneat accusandum. Aliter dicendum, si alia tantum peccata, praeter complicitatis culpam, exprimenda supersint." [77] Eadem notio invenitur etiam apud Cipollini: "Addendum, si iuvat, ad maiorem elucidationem, illegitime non absolvere confessarium complicem (hinc nullum peccatum, nullaque poena), si, confessione ab eo incepta in necessitate, alius sacerdos adveniat, vel, evanescente mortis periculo, iterum absolvat, ut confessionem ratione integritatis perficiat, dummodo antea poenitens peccatum complicitatis manifestaverit, ideoque ab eo iam fuerit directe absolutus. Ratio primi est, quia iurisdictio ab initio habita perdurat, donec scilicet poenitens absolvatur. Ratio secundi est, quia per directam absolutionem a peccato complicitatis, complicitas destructa est. Ratio exceptionis, quia e contra complicitas manet." [78]

Articulus II—Absolutio Complicis Extra Periculum Mortis

Iam visa sunt principia et conditiones quae reddunt absolutionem, etiam stante periculo mortis, illicitam vel licitam, si agitur de peccato contra sextum Decalogi praeceptum. Stante enim illo periculo absolutio semper valet, secundum tenorem Canonis 884. Nunc autem examini subiicienda est complicis absolutio extra mortis periculum.

A) Qualis absolutio est invalida et illicita? Huic tamen quaestioni melius per partes satisfit, ope duarum propositionum, quae sic sonant:

1) Extra mortis periculum absolutio data a confessario complice poenitenti complici directe super peccatum complicitatis est invalida et illicita.

Probationes sunt in promptu. En verba Constitutionis "*Sacramentum Poenitentiae,*" n. 4: " . . . interdicimus et prohibemus, ne aliquis eorum (sacerdotum), extra casum extremae necessitatis, nimi-

[77] Cappello, *De Sacramentis,* II, 1, n. 630 ad finem.

[78] Cipollini, *op. cit.,* p. 94.

rum in ipsius mortis articulo, et deficiente tunc quocumque alio sacerdote qui confessarii munus obire possit, confessionem sacramentalem personae complicis in peccato turpi atque inhonesto contra sextum Decalogi praeceptum commisso, excipere audeat, sublata propterea illi ipso iure quacumque auctoritate et iurisdictione ad qualemcumque personam ab huiusmodi culpa absolvendam; adeo quidem, ut absolutio, si quam impertierit, nulla atque irrita omnino sit, tanquam impertita a sacerdote, qui iurisdictione ac facultate ad valide absolvendum necessaria privatus existit, quam ei per praesentes has Nostras adimere intendimus." Eundem sensum habent verba Epistolarum Encyclicarum eiusdem Benedicti XIV "*Inter Praeteritos.*" Sub numero 58 sequentia leguntur: "Publicata fuit a Nobis Apostolica Constitutio, quae incipit "*Sacramentum Poenitentiae*" . . . , in qua quemcumque confessarium omni auctoritate ac iurisdictione absolvendi personam complicem in peccato turpi et inhonesto contra sextum decalogi praeceptum privavimus, adeo ut absolutio ab eodem data nulla atque invalida remaneat, tamquam ab eo data qui a Nobis iurisdictione ad absolvendum necessaria in eo casu privatus est." Et ipse Pontifex Benedictus XIV haec addit in numero 60 earumdem Epistolarum Encyclicarum: "Cessant itaque per has leges a Nobis editas quaestiones illae veteres, num absolutio a sacerdote complice poenitenti socio in peccato contra sextum decalogi praeceptum data, valida an invalida, licita an illicita sit."

Quae doctrina directissime in Canonem 884 transivit: "Absolutio complicis in peccato turpi invalida est, praeterquam in mortis periculo; et etiam in periculo mortis, extra casum necessitatis, est ex parte confessarii illicita . . . " Huiusmodi ergo absolutio invalida est; certo quoque illicita, nam confessarius qui cognoscit se invalide agere licite pergere nequit. Unicus casus exceptus, i.e., in quo absolutio invalida licite impertitur, est ille in quo quis bona fide procedit, ex inadvertentia vel ignorantia. Exempla quaedam paulo inferius considerantur.

2) Postquam peccatum complicitatis directe remissum est, absolutio est valida et per se licita.

Ratio uti instruitur a De Smet sic se habet: " . . . peccatum namque directe remissum iam non est attendendum ac reputatur quasi non esset, nec adeo intelligitur iurisdictio ratione ipsius eiusque intuitu restringi, etiam ubi exponitur uti materia libera; idem autem dicendum de peccato quod nondum est directe remissum, sed quod in confessione non accusatur, quatenus pariter, quoad usum clavium harumque coarctationem, non sit attendendum, cum clavibus non subiiciatur." [79] Firmatur ratio duabus decisionibus, una Sancti Officii diei 29 Maii, 1867: "liberum esse confessario absolvere personam complicem, quae a peccato complicitatis inhonesto absoluta iam fuit per alium confessarium; dandum tamen semper consilium confessario, de quo agitur, ut, nisi cogat necessitas, se abstineat ab excipiendis personae complicis, licet iam a peccato complicitatis absolutae, sacris confessionibus." Consilium sane semper dandum est ratione pudoris et ratione reverentiae erga Sacramentum. Secunda decisio, Sacrae Poenitentiariae, diei 22 Ianuarii, 1879, sic sonat: "Confessarium non posse absolvere complicem, cum quo ante sacerdotium, in puerili aetate, turpiter egit, nisi moraliter certus sit, ipsum iam ab alio confessario directe et valide a peccato complicitatis absolutum fuisse." Complicitatis vinculum, ergo, remanet a momento peccati commissi usque ad, sed solummodo ad, tempus eius directae remissionis, utique validae, utrum impertitae ab alio sacerdote an ab ipso sacerdote complice sub conditionibus a Canone 884 pro validitate requisitis. Iorio de re haec habet: "An sacerdos absolvere possit complicem ab aliis peccatis sibi extraneis, postquam ille semel ab alio rite fuit absolutus? Resp. *Affirmative.* Ratio est quia caret tantum iurisdictione in hunc poenitentem quoad peccatum, cuius ipse fuit particeps; ergo deleto illo peccato per absolutionem ab alio impertitam, iam cessat prohibitio, nec deest iurisdictio." [80]

Dicitur "absolutio est valida et *per se* licita," quia per accidens absolutio illicita reddi potest in utroque casu; et iterum citetur De Smet: "tum ubi peccatum complicitatis omittitur in confessione, tum ubi accusatur quidem, sed postquam iam fuerat directe remissum. Nimirum, in *priori* casu, illicita erit absolutio, quotiescumque sacerdos poenitentem directe vel indirecte induxerit ad illud peccatum

[79] De Smet, *op. cit.*, n. 13, ad finem.

[80] Iorio, *Theologia Moralis*, III, n. 605; qui citat pro hac parte, sicut alii, Sanctum Alphonsum, *Theologia Moralis*, lib. VI, n. 555.

in confessione omittendum, aut etiam quando confessarius, sciens a poenitente omitti peccatum, ab ipso monendo mala fide abstinuerit, sic neglecto munere confessionem integrandi (in hoc priori casu etiam invalida erit absolutio si poenitens mala fide omiserit illud peccatum, conscius scilicet gravis obligationis qua tenetur illud peccatum accusandi). In *altero* casu, in confessione scilicet exposito peccato complicitatis iam directe remisso, illicita evadere potest absolutio, vel ex ipso iure naturali, propter imminens periculum relapsus, vel ex iure positivo, quatenus confessario, a censura absoluto, iniunctum fuerit a S. Sede, ut ab audiendis confessionibus personae complicis in posterum prorsus abstineret."[81] De facto Sancta Sedes solet imponere confessario qui complicem absolvit prohibitionem ne in posterum hanc complicem vel in confessione audiat vel absolvat.[82] Vetitum, tamen, simpliciter prohibet, certo sub gravi, ulteriorem auditionem et absolutionem poenitentis complicis, quantum citra grave scandalum hoc fieri potest; absolutionem forsan datam minime irritat. Forma enim vetiti est simpliciter prohibitiva, et iuxta Canonem 11 "Irritantes aut inhabilitantes eae tantum leges habendae sunt, quibus aut actum esse nullum aut inhabilem esse personam expresse vel aequivalenter statuitur."[83]

[81] De Smet, *op. cit.*, n. 14.

[82] Cf. De Smet, *loc. cit.*; Cappello *De Censuris*, n. 165, ad finem; *De Sacramentis*, II, 1, n. 617, ad finem; Aertnys-Damen, *Theologia Moralis*, II, n. 407, Q. 3, haec habet: "Clausulae Rescripto huiusmodi appositae sequentia praescribere solent:

1° Antequam Confessarius delegatus Rescriptum exsecutioni mandare valeat, removenda est occasio amplius turpiter peccandi cum persona vel personis complicibus. Propterea occasio voluntaria, qualis in hoc casu ordinarie erit, debet physice removeri, necessaria vero moraliter.

2° Confessarius complex debet complicem suum, si ad ipsum iterum accesserit, de nullitate praeteritarum confessionum monere, eumque ad alium Confessarium non complicem remittere.

3° Idem iubetur ab audiendis personae complicis confessionibus, quantum citra grave scandalum potest, abstinere. Graviter equidem peccaret, si hoc vetitum transgrederetur."

[83] De obligatione huiusmodi vetiti in iure vetere, cf. quamdam Consultationem apud *N.R.Th.*, IV (1872), 645; eandem doctrinam tradit consultor, legem non esse irritativam nisi legislator expresse id dicat. Remanet ergo hoc vetitum prohibitivum tantum. Et dantur duae causae: si poenitens

Quae dicta sunt in hoc conspectu secundae propositionis valent certo pro absolutione complicis iam valide et directe absoluti; quid autem de absolutione *peccati* complicitatis iam ab alio remissi, si denuo uti materia libera in confessione complici confessario offertur? Opportune quaestioni respondetur per alteram partem huius sectionis:

B) Quomodo et quatenus iurisdictio adimitur confessario complici relate ad poenitentem complicem?

1) Quomodo subtrahitur a confessario iurisdictio erga poenitentem complicem.

Non est una auctorum opinio de re. Difficultas ex hoc praesertim emergit quod ademptio iurisdictionis potest oriri ratione *peccati* complicitatis vel ratione *personae* complicis. Opinio prima benignior est, uti patet: facile enim concipi potest casus in quo poenitens, apud confessarium complicem sistens, et nondum directe a peccato complicitatis absolutus, bona fide reticet (ob simplicem puta inadvertentiam) hoc peccatum. Si prima opinio valet, confessarius iurisdictione caret ratione peccati complicitatis; hoc autem peccatum non subiicitur clavibus; integra ergo remanet eius iurisdictio in alia peccata, et absolutio valida est, directe relate ad alia peccata, indirecte relate ad peccatum complicitatis. Si secunda opinio tenetur, confessarius in casu caret iurisdictione in ordine ad personam complicis, eiusque absolutio est invalida et Sacramentum, etiamsi adsunt ex utraque parte requisitae dispositiones, est nullum.

His argumentis moventur qui tenent iurisdictionem subtrahi ratione personae complicis:

a) Verba Constitutionis "*Sacramentum Poenitentiae*" evidenter referunt personam complicis: "n. 4. . . . interdicimus et prohibemus, ne aliquis eorum (sacerdotum) . . . confessionem sacramentalem *personae complicis* in peccato turpi atque inhonesto, contra sextum Decalogi praeceptum commisso, excipere audeat, sublata propterea illi ipso iure quacumque auctoritate et iurisdictione ad *qualemcumque*

cognoscit prohibitionem sacerdoti esse impositam, et nihilominus sine causa incedit et absolutionem recipit, tunc peccat ratione defectus dispositionis; si tamen ignorat prohibitionem, tunc nullam ponit obicem, et solus confessarius culpam contrahit, inobedientiae nempe prohibitionis sat gravis Sanctae Sedis.

personam ab huiusmodi culpa absolvendam; adeo quidem, ut absolutio, si quam impertierit, nulla atque irrita omnino sit, tamquam impertita a sacerdote, qui iurisdictione ac facultate ad valide absolvendum necessaria privatus existit, quam ei per praesentes has Nostras adimere intendimus." Et paulo postea, sub n. 5, pergit eadem Constitutio: "Declarantes etiam, et decernentes, quod nec etiam in vim cuiuscumque Iubilaei, aut etiam Bullae, quae appellatur Cruciatae Sanctae, aut alterius cuiuslibet indulti, confessionem *dicti complicis huiusmodi* quisquam valeat excipere, eique sacramentalem absolutionem elargiri; cum ad hunc effectum, et in hoc casu, nullus confessarius, utpote qui in huiusmodi peccati, *et poenitentis genere,* iurisdictione, ut praefertur, careat, et absolvendi facultate Nobis privatus existat, habendus sit pro confessario legitimo, et approbato."

b) Verba Epistolarum Encyclicarum eiusdem Pontificis "*Inter Praeteritos,*" diei 28 Novembris, 1749, thesim comprobant. Sub numero 58 sequentia inveniuntur: "Publicata fuit a Nobis Apostolica Constitutio, quae incipit "*Sacramentum Poenitentiae,*" . . . in qua quemcumque confessarium omni auctoritate ac iurisdictione absolvendi *personam complicem* in peccato turpi et inhonesto contra sextum decalogi praeceptum privavimus, adeo ut absolutio ab eodem data nulla atque invalida remaneat, tamquam ab eo data qui a Nobis iurisdictione ad absolvendum necessaria in eo casu privatus est."

Confessarius, ergo, sic autumant huius opinionis fautores, privatus remanet iurisdictione relate ad personam complicis, relate ad hoc poenitentis genus; nec est legitimus nec approbatus.

c) Legitur in Instructione Sancti Officii, diei 20 Februarii, 1867: "Sacerdoti cuilibet *omnis* facultas et iurisdictio ad sacramentales confessiones *personae complicis* excipiendas adimitur, nisi extrema prorsus urgeat necessitas, nimirum si in ipsius mortis articulo alter sacerdos desit." [84]

d) In instructionibus a Sacra Poenitentiaria dari solitis quando sacerdos a censura absolutioni complicis adnexa absolvitur, occurit clausula ut complex sacerdos poenitentem, ad eum forte redeuntem,

[84] De Smet, *op. cit.*, n. 17, in medio; Cappello, *De Censuris*, n. 167, *De Sacramentis*, II, 1, n. 620.

antequam ad alium confessarium illum remittat, moneat "de nullitate praeteritarum absolutionum": nulla facta restrictione pro casu urgentis necessitatis vel bonae fidei ex parte poenitentis; imo potius supponitur bona fides, cum dicatur monendus poenitens.[85]

e) Aliud argumentum eruitur ex sequellis benignioris sententiae. Si quis sequitur benigniorem opinionem, ponit confessarium relate ad poenitentem complicem in eodem statu ac si ageretur de peccato reservato; poenitentem ergo absolvere potest, directe ab aliis peccatis, indirecte a peccato complicitatis, non solum in casu bonae fidei vel periculo infamiae aut gravis scandali, sed etiam quando durum est poenitenti permanere in peccato mortali. Hoc autem evidentissime contradicit menti legislatoris Constitutionis "*Sacramentum Poenitentiae.*"

f) Ipsa verba Canonis 884 confirmant praesentem opinionem. Nam termini legis minime distinguunt inter peccatum et personam; nec respiciunt casum bonae fidei vel gravis scandali; sic simpliciter sonant: "*Absolutio complicis* in peccato turpi invalida est, praeterquam in mortis periculo . . . "

Defensores tamen secundae et benignioris sententiae et ipsi praestant argumenta sat valida, quorum aliquae sequuntur:

a) Verba Constitutionis "*Sacramentum Poenitentiae*" clare respiciunt peccatum complicitatis; nam etsi habeantur verba "*qualemcumque personam*" in phrasi (n. 4) " . . . sublata propterea illi ipso iure quacumque auctoritate et iurisdictione ad qualemcumque personam ab huiusmodi culpa absolvendam," notandum semper est adesse quoque verba "*ab huiusmodi culpa.*" Quae qualificatio in sensu stricto sumenda est, in hac praesertim materia poenali. Persona complex, ergo, vel hoc poenitentis genus, absolvi non potest, propter defectum iurisdictionis, praecise quia persona absolvi non potest a peccato complicitatis. Et haec qualificatio persistit etiam in ulteriorem partem numeri 4 dictae Constitutionis, uti patet ex verbis immediate consequentibus: "adeo quidem, ut absolutio, si quam impertierit, nulla atque irrita omnino sit, tamquam impertita a sacerdote,

[85] Hoc argumento utuntur De Smet, *loc. cit.*, et Cappello, *loc. cit.*

qui iurisdictione ac facultate ad valide absolvendum necessaria privatus existit . . . " Et si quae inveniuntur in Epistolis Encyclicis "*Inter Praeteritos*" quae rem tangunt, intelligenda sunt in sensu prioris Constitutionis, iuxta genuinum et nativum sensum verborum, speciatim quia n. 58 earumdem Epistolarum sic incipit: "Publicata fuit a Nobis Apostolica Constitutio, quae incipit '*Sacramentum Poenitentiae*,' . . . in qua . . . " Sensus, nempe, posterioris instrumenti idem est ac prioris.

b) Verum est Instructionem Sancti Officii diei 20 Februarii 1867 adimere omnem facultatem et iurisdictionem sacerdoti ad sacramentales confessiones personae complicis. Attamen uti adnotat De Smet, qui acriter defendit sententiam severiorem, Instructio memorat dispositiones Constitutionis Benedictinae.[80] Ipsa ergo Instructio intelligenda est in sensu originali ipsius Constitutionis, supra sub a) iam viso.

c) Privatio iurisdictionis respicit peccatum complicitatis; alia ergo peccata quae in confessione accusantur minime subtrahuntur a iurisdictione confessarii. Haec peccata directe remittuntur, et in casu bonae fidei, ipsum peccatum complicitatis indirecte. Nec ullo modo infirmatur doctrina et disciplina Benedictina: remanet semper gravis obligatio subiiciendi peccatum complicitatis clavibus ut directe remittatur.

d) Berardi duplex argumentum pro hac parte praesentat; primum, in quo sequitur Salmanticenses, cum monet quod peccatum complicitatis ita aequiparari debeat peccatis reservatis, ut absolutio non valeat directe, sed tantum indirecte, i.e., si poenitens de aliis peccatis se accuset. Et secundum: "Idem docet D'Annibale (Comment. n. 82) inquiens: 'utrum data absolutio irrita sit quoad omnia peccata quae poenitens confessus est, quia Ben. XIV illiam irritam omnino esse voluit; an dumtaxat quoad peccatum turpe, quia ademit Confessariis iurisdictionem tantum quoad peccatum huiusmodi? Ego hoc magis puto, quia durum esset iterum et tertio et perpetuo confitentem bona fide vacuum redire: utcumque confessio possidet.' Reapse casus valde practicus est, ut persona complex per annos

[80] De Smet, *op. cit.*, n. 17, in medio.

plurimos apud complicem confessionem peragat, et nunquam addiscat absolutiones ne indirecte quidem valorem habeant; quare etiam videretur sufficere *quod ex una parte adsit excommunicatio* contra confessarium, et ex alia peccata complicitatis nunquam directe absolvantur, atque iterum accusanda remaneant, si poenitens tandem aliquando addiscat, numquam legitime accusata fuisse." [87]

e) Ratio quae a multis affertur haec est: in Constitutione Benedictina iurisdictio quidem adimitur confessario, sed confessario *complici,* quoad poenitentem *complicem,* et quod potissimum est, absolvendi complicem *ab huiusmodi culpa, in huiusmodi peccati genere.* Ergo *non ab aliis, non in aliis.*[88]

f) Potissimum tandem argumentum educunt auctores qui in hanc partem inclinant ex quodam responso Sacrae Poenitentiariae diei 15 Maii, 1877. En totum responsum: "Quaestioni: An incurrat censuras in absolventes complicem in peccato turpi latas, qui complicem quidem absolvit, sed complicem qui complicitatis peccatum in confessione *non declaravit?* Ratio dubitandi esse videtur, quia talis sacerdos, etiamsi complex sacrilege huius peccati confessionem omitteret, et ipse culpabiliter ab interrogando abstineret, non tamen absolvit ab huiusmodi complicitatis culpa, utpote non declarata nec subiecta clavibus.

R. *Poenitentiaria* respondit: Privationem iurisdictionis absolvendi complicem in peccato turpi et adnexam excommunicationem, quatenus confessarius illum absolverit, *esse in ordine ad ipsum peccatum turpe,* in quo idem confessarius complex fuit. Tenetur nihilominus confessarius sacerdoti, qui hac ratione complicem, non tamen a peccato complicitatis, absolvit, omni studio ob oculos ponere enormitatem delicti sui, et abominabilem abusum sacramenti Poenitentiae, nec aliter ei beneficium absolutionis impertiri, quam praemissa gravissima adhortatione ut officium confessarii dimittere studeat, necnon imposita obligatione ut a confessionibus complicis audiendis in posterum omnino abstineat, monita eadem persona complice, si

[87] Berardi, *op. cit.*, n. 4673.

[88] Cf. Bucceroni, *op. cit.*, n. 70; Iorio, *op. cit.*, III, n. 611.

denuo compareat, ut de peccato complicitatis et caeteris invalide confessis (ob sacrilegam reticentiam prioris peccati), apud alium confessarium se accuset." Si ergo privatio iurisdictionis est in ordine ad ipsum peccatum turpe, tunc non est intuitu personae complicis, et remanet vera haec opinio. Ad hoc autem Cappello notat, argumenti valori contradicens: "Argumentum nec decisivum nec validissimum ex hac responsione S. Poenitentiariae erui potest, quia verba intelligi possunt duplici sensu. Vel significant iurisdictionis privationem, et absolvendi prohibitionem afficere *solum* peccatum complicitatis, manente iurisdictione et absolvendi licentia respectu aliorum peccatorum, quae persona complex commisit; vel significant auferri iurisdictionem et absolvendi licentiam quoad omnia peccata, idque unice fieri intuitu et ratione peccati complicitatis." [89] Attamen responsum sumendum est in toto; et cl. Rossi, secretarius Sacrae Poenitentiariae, hoc ultimum et validissimum argumentum adducit: "Fermiamoci al penitente complice. Quale è nella mente della S. Penitenzieria l'obbligo che rimane al penitente, nel caso? Di accusare ad altro confessore non complice: a) *il peccato di complicità,* b) anche *gli altri peccati invalidamente confessati.* Ma perchè questi altri peccati furono invalidamente confessati? forse per la mancanza di guirisdizione nel confessore complice? Niente affatto, sibbene "*ob sacrilegam reticentiam prioris peccati*" nel penitente. Dal che si deduce che nel caso: 1° il peccato di complicità si deve accusare *ratione sui* ad altro confessore, perchè, extra mortis periculum non può mai essere sottoposto al potere delle chiavi, davanti al confessore complice; 2° gli altri peccati, si devono accusare *ratione sacrilegae reticentiae peccati complicitatis.* Se, pertanto, l'obbligo di accusare di nuovo il peccato di complicità dipende *ex defectu iurisdictionis in confessario complice,* l'obbligo di accusare gli altri peccati dipende *ex defectu debitae dispositionis in poenitente.*" [90]

[89] Cappello, *De Sacramentis,* II, 1, n. 619, nota 20; *De Censuris,* n. 167, nota 12.

[90] Rossi, I., *L'assoluzione del complice in peccato turpi,* apud *Perfice Munus,* III (1928), 219. Pergit hic auctor: "Tale accuratissima distinzione della S. Penitentieria, ci autorizza a ritenere che la privazione della giurisdizione del confessore complice è *solo* sul peccato di complilcità. Perciò, qualora nel penitente vi sia la *buona* fede nel'accusare al complice, con altri

Cuinam opinioni est favendum? Utraque opinio, etiam alterius fautoribus, solide probabilis esse videtur. Adsunt defensores sat magni nominis utriusque positionis: pro rigidiore, inter alios, De Smet, Cappello, Aertnys-Damen (usque ad editionem octavam), Noldin;[91] pro benigniore: Many, Aertnys-Damen (post editionem octavam), Bucceroni, Berardi, et Rossi.[92] Haec quidem habet ipse De Smet: "*Notetur* tamen non esse culpandum sacerdotem qui, stante controversia et attenta Auctorum aliter sententium auctoritate, hac auctoritate nititur ut benigniorem sequatur opinionem, cujus ut supponitur, intrinsecam improbabilitatem non perspicit."[93] Et D'Annibale, ne nimis anceps in unam alteramve partem inclinet, scripsit: "Non immerito dubitatum est utrum absolutio, si forte a complice contra Constitutionem data fuerit, tota irrita sit, quia in Constitutione "*Sacramentum Poenitentiae*" cautum est eam *omnino* irritam esse . . . : an solum quoad hoc peccatum, quia eadem Constitutione iurisdictio adimitur confessario quoad *peccatum huiusmodi?* . . . Ergo ante confessionem prior sententia (etsi duriuscula sit quando poenitens versatur in bona fide), post confessionem peractam posterior tenenda est."[94]

Quantum autem huius opusculi auctori videtur, eligenda est opinio benignior, ea nempe quae contendit restrictionem iurisdictionis oriri intuitu peccati complicitatis et non intuitu personae complicis, integramque remanere relate ad alia peccata eiusdem complicis poenitentis. Hoc praesertim propter serium dubium quod auctorum contentiones ingerunt; "leges," enim, secundum canonem 15, "etiam irritantes et inhabilitantes, in dubio iuris non urgent." Hic, sicuti in

peccati, il peccato di complicità, l'assoluzione è valida *directe* quoad alia peccata, *indirecte* quoad peccatum complicitatis. E ciò, sia che il confessore complice si trovi in *buona*, sia che si trovi in mala fede. Vuol dire che se egli si trova in buona fede sfuggirà alla scomunica; viceversa no."

[91] De Smet, *op. cit.*, n. 15 sq.; Cappello, *De Sacramentis*, II, 1, n. 619 sq.; Aertnys-Damen, *Theologia Moralis*, II, n. 402; Noldin, *Theologia Moralis*, III, n. 385.

[92] Many, *op. cit.*, p. 334; p. 403, in medio; Aertnys-Damen, *op. cit.*, II, n. 402; Bucceroni, *op. cit.*, n. 70; Berardi, *op. cit.*, n. 4673; Rossi, *loc. cit.*

[93] De Smet, *op. cit.*, n. 18.

[94] D'Annibale, *Summula Theologiae Moralis*, III, n. 324 in nota.

omnibus odiosis, restringenda est legis extensio. Ne exsurgant dubia de validitate huiusmodi absolutionis, habetur clarum praescriptum canonis 209: "In errore communi aut in dubio positivo et probabili sive iuris sive facti, iurisdictionem supplet Ecclesia pro foro tum externo tum interno." In quo canone insistendum est non propter errorem communem (qui certo deest: agitur enim de duabus solummodo personis, confessario et poenitente, non de quadam multitudine quae pro communitate erroris requiritur) sed propter dubium positivum et probabile quod a doctoribus inter se certantibus constituitur.

2) Quatenus iurisdictio adimitur confessario complici relate ad poenitentem complicem?

Auctores inter se dissentiunt etiam de hac thematis parte. Cor difficultatis hoc est: an confessarius possit absolvere suam complicem a peccato complicitatis si hoc peccatum iam potestati clavium subiectum est, et rite et *directe* absolutum? Non ergo est quaestio de peccato iam per actum perfectae contritionis remisso, vel *indirecte* per claves, puta si peccatum complicitatis bona fide omissum fuerit in confessione alteri sacerdoti facta. De his enim casibus sat clare disponunt Constitutio "*Sacramentum Poesitentiae*" et canon 884: peccatum in hypothesi subiiciendum est clavibus; relate tamen ad hoc peccatum confessarius remanet privatus iurisdictione; potestate clavium uti non potest, excepto casu periculi mortis.

Plures tamen auctores tribuunt confessario complici iurisdictionem quoad peccatum complicitatis si peccatum iam directe remissum est. Sequentes rationes adducuntur a Bucceroni: "Quia sicut Superiores non intendunt sibi reservare peccata, iam directe remissa, ita nec auferre iurisdictionem confessario in hoc casu, quia nulla est obligatio haec peccata iterum clavibus subiiciendi. (Ex Scavini) . . . Quia peccatum illud non est amplius materia necessaria confessionis, sed libera . . . Quia vinculum complicitatis stricte et proprie sumptum per confessionem alteri factam dissolutum est . . . Quia peccatum complicitatis per absolutionem directe habitam est simpliciter deletum in ordine ad absolutionem a proprio complice recipiendam. Summus enim Pontifex complicem iurisdictione privans, hunc privavit ea iurisdictione tantum, quae necessaria est ad delendum illud peccatum. Hoc enim sensu lex Benedictina intellecta verissima est. Ergo ulterius nonnisi arbitrarie extenderetur. (Ex Ithuriaga, *Casus* 41, 54, 48)."[95] Generaliter, defensores huius opinionis sistunt in hoc quod peccatum complicitatis semel remissum considerandum est uti quodlibet aliud peccatum reservatum et remissum; si semel remittitur cessat omnino reservatio.[96] Opinio vocatur *probabilior* a Iorio et ab Aertnys-Damen.[97]

Verumtamen minime desunt qui in oppositam (et quatenus huius opusculi auctori videtur, veriorem) partem inclinantur. Inprimis notandum est peccatum complicitatis nullomodo esse peccatum reservatum. Reservatio enim ita promulgatur a superiore ut absolutio a peccato reservato interdicatur omnibus confessariis, superiore ipso excepto, iisque ab eo delegatis. In hac materia, uti lucide patet a lege, poenitens, relicto confessario complice, libere accedere potest cuivis alii confessario ut rite absolutionem accipiat. Quae doctrina parum nova est, uti demonstratur ab his verbis ex Pauwels desumptis: "Peccatum Complicis quatenus tale, non est proprie casus reservatus. Ratio manifesta; quia casus reservatus est, a quo Confessarius inferior, per se loquendo, non potest absolvere, retracta vel reservata potestate absolvendi apud solum superiorem, vel ab eodem specialiter deputatum. Ab hoc autem peccato absolvit omnis sacerdos, qui in mortalia potestatem habet. Solus ille excipitur, qui Complex et reus est eiusdem criminis."[98] Verum quidem est peccata reservata semel remissa semper esse, in ordine ad reservationem, remissa; simpliciter cessat reservatio, *ex praxi Ecclesiae,* et *ex communi sententia doctorum.* Quod falsum est relate ad peccatum complicitatis: sententia doctorum haud communis est de re, uti nunc videbitur; et praxis Ecclesiae alia est in hac materia atque in materia aliorum peccatorum reservatorum, uti patet ex responso Sacrae Poenitentiariae diei 29 Februarii, 1904:

[95] Bucceroni, *op. cit.*, n. 75.

[96] Aertnys-Damen, *op. cit.*, II, n. 401, V, ubi citatur Sanctus Alphonsus, *op. cit.*, lib. VI, n. 555; Berardi, *op. cit.*, n. 4648; Bucceroni, *op. cit.*, n. 75; Coronata, *op. cit.*, IV, n. 2091; D'Annibale, *Summula*, III, n. 324, in nota; *Commentarium*, n. 87; De Smet, *op. cit.*, n. 13; Many, *op. cit.*, p. 338; Iorio, *op. cit.*, III, n. 606; Santi-Leitner, *Praelectiones Iuris Canonici* (ed. IV, 1895), pp. 224-225; Planchard, *op. cit.*, p. 6.

[97] Iorio, *loc. cit.;* Aertnys-Damen, *loc. cit.*

[98] Pauwels, *op. cit.*, Cap. XVII, § III, n. 608. Haec editio est anni 1750.

"4. Ad quaestionem: num sacerdos complicem suum, ab alio confessario non complice iam absolutum, et ad se redeuntem, absolvere possit, si se accusat post peccata ab ultima confessione patrata his verbis (uti pii poenitentes facere solent): 'Includo praeterea omnia anteactae vitae peccata, praesertim contra angelicam virtutem,' aut semper tenetur dicere: 'exceptis peccatis complicitatis'?

R. ad 4. Quinctus (poenitens) abstineat prorsus a mentione ulla vel indirecta peccatorum complicitatis, nec opus est ut in generali confessione intendat ea subiicere clavibus; Pamphilius (confessarius) vero, qui absolvit, quantum potest, non intendat ab illis peccatis absolvere, et nulla erit reliqua difficultas."

Quaedam bene sunt notanda: quaestio est an *possit* talis confessarius huiusmodi poenitentem absolvere—agitur, nempe, de validitate. Et responsum tunc solum difficultatem auferri postulat cum poenitens abstinet ab ulla mentione huius peccati, non intendit illud clavibus subiicere, et confessarius non intendit ab illo absolvere. Certo certius haec est alia doctrina atque in peccatis reservatis invenitur. Et in plano non est ratio extensionis reservatorum mensurae in materiam praesentem.

Optime firmat argumentum Ballerini-Palmieri, his verbis: "At si peccatum complicis iam fuerit ab alio sacerdote remissum, poteritne illud sacerdos complex iterum remittere? Cum iurisdictionem in illud crimen nullam sacerdos complex habeat, crimen vero illud possit esse materia absolutionis etiam postquam in alia confessione remissum fuit: utique dici debet, quod sacerdos complex complicem ab eo crimine absolvere nequit, etiamsi eum alius ab illo iam absolverit. Quia heic non eadem est ratio ac in reservatione, quae cessat, postquam reus confessus sit peccatum cui debet; nam heic non agitur de reservatione, sed de adempta iurisdictione sacerdoti complici super illud peccatum et adempta in perpetuum; verba enim Constitutionis illimitata sunt: ergo numquam ab eo potest absolvere; absolutio enim directa semper est actus iurisdictionis. Si ergo poenitens hoc peccatum iam remissum accuset et hoc solum peccatum accuset, non poterit a complice Confessario absolvi: quod si alia peccata poenitens accuset, ab his absolvatur, non habita ratione peccati illius, cuius confessio ut quid impertinens, consideranda erit. Potest sane Confessarius, postquam complex rite ab alio absolutus fuit, absolvere illum ab omnibus aliis peccatis; quia iurisdictio habetur et cessat prohibitio." [99] Eandem doctrinam tradit Gury-Ballerini, ubi quoddam controversum responsum Benedicti XIV invenitur: "Ferunt, Benedictum XIV, olim interrogatum ab Episcopo Brugnatensi, an sacerdos complicem posset absolvere, postquam hic ab alio confessario absolutus iam fuerat, respondisse, complicem a sacerdote complice absolvi non posse, etiamsi centies absolutus ab aliis fuisset." [100]

Responsum, etiamsi ad materiam certo refert, non est indubium; datum est anni 1762, uti patet ex Iorio, *op. cit.*, III, n. 606, et Bucceroni, *op. cit.*, n. 75, in nota; Benedictus XIV mortuus est anno 1758. Addendum quoque est hanc responsionem, etsi fuerit Benedicti XIV, esse tantummodo indolis particularis, uti notat Iorio, et non facere partem constitutionum apostolicarum neque etiam ipsius Benedicti XIV "*Sacramentum Poenitentiae,*" quam nominatim refert canon 884.

Caeterum, verba legis, tum antiquioris tum canonis 884, nullatenus restringuntur. En opinio Pennacchi: "Fortasse ne Benedictus distinxit absolutionem directam inter et indirectam? Fortasse ne apparet invalidam statuisse primam non ceteras absolutiones? locutum esse de prima tantum accusatione et non de reliquis? Quin e contra

[99] Bellerini-Palmieri, *Opus Theologicum Moralle*, Prati, 1892, V, n. 648, in medio. In nota, vero, posteriori editioni addita, eodem loco, haec habet: "Haec tamen non est omnium sententia eamque nunc docti quidam viri negant satisque sit citare Card. D'Annibale qui vol. 3, *loc. cit.*, nota 37, ait: si peccatum directe iam ab alio absolutum fuit, 'verius est reservatione consumpta, absolutionem valere.' Et iam in Commentario Const. *Apost. Sedis* dixerat: ' . . . hic casus eodem iure, quo ceteri casus omnes reservati, metiri debet. Atqui in ceteris, cum semel absoluti fuerint, reservatio cessat.' Haec tamen ratio satis est infirma; confundit enim duo maxime diversa: casus enim reservatus est peccatum sacerdotis absolventis complicem, non peccatum inhonestum complicis, quod a quolibet sacerdote absolvi potest. Et pro illo quidem valebit theoria ab D'Annibale invocata, non pro hoc, quod non est peccatum reservatum, sed cuius absolutio interdicta est tantum complici."

[100] Gury-Ballerini, *Compendium Theologiae Moralis*, ed. III, II, n. 587, in nota.

ex verborum sensu et ex fine latae legis omnino deprehenditur, de peccato complicitatis inter confessarium et poenitentem agi nec debere nec posse."[101] Cappello quoque notat canonem 884 statuere absolute et sine ulla restrictione: "Absolutio complicis in peccato turpi invalida est, praeterquam in mortis periculo." Confessarius ergo caret *omni* iurisdictione *directa* in peccatum complicitatis.[102] Numero huius opinionis fautorum addendus denique est Cavigioli, qui addit rationem: "quia nequit (confessarius complex) judicium ferre de hac culpa cujus particeps fuit."[103]

Practice, vero, uti ab omnibus conceditur, quaestio facile resolvitur: poenitens enim, prudenter interrogatus, alia peccata remissa confitebitur, quae directe remitti possunt, peccato complicitatis indirecte remisso. Si autem, per hypothesim, hoc recusat, recurrendum est, propter dubium iuris certo existens, ad canones 15 et 209.

ARTICULUS III—DIFFICULTATES FREQUENTIORES

Difficultates quae radicem suam educunt ex praesente canone praxim magis attingunt quam theoriam. Confessario enim quantumvis edocto, qui misere in peccatum contra sextum est lapsus, etsi monitus se praesentare potest et ipse poenitens complex. Ex tribus praecipue capitibus oriuntur difficultates; ex inadvertentia, ex ignorantia (vel errore), et ex dubio. Inspiciantur per partes capita.

INADVERTENTIA:

Casus hic est: adstat poenitens cum quo confessarius peccavit contra sextum praeceptum, graviter, mutuo, externe, certo. Confessione facta, etiam peccati complicitatis, confessarius simpliciter absolvit complicem, sive non advertens se carere iurisdictione, sive non advertens complicem adesse.

Confessarius, in quantum inadvertenter agit, licite agit. Deest enim quodcumque peccatum. Ad validitatem autem quod attinet, recolantur quae dicta sunt in praecedenti sectione. Ademptio iurisdictionis in confessario respicit peccatum complicitatis et uti talis est

[101] Pennacchi, *op. cit.*, p. 331, ad principium.

[102] Cappello, *De Sacramentis*, II, 1, n. 617; *De Censuris*, n. 165;

[103] Cavigioli, *De Censuris Latae Sententiae Quae in Codice Juris Canonici Continentur Commentariolum*," Torino, 1919, n. 74.

perpetua. In casu ergo, si peccatum complicitatis sine aliis peccatis admittitur, nihil fit, et nullum est sacramentum, sive admittitur uti materia necessaria, nondum id est ab alio absolutum, sive uti materia libera, utque iam rite absolutum. Si vero alia peccata una cum peccato complicitatis in confessione potestati clavium offeruntur, ea quidem directe remittuntur, peccatum vero complicitatis indirecte, vi gratiae supervenientis ex confecto sacramento.[104]

IGNORANTIA:

Ignorantia primo potest attingere confessarium relate ad ipsum legem irritantem. Utrum vero confessarius ignorantia crassa vel supina an solum ignorantia graviter culpabili agat, parum refert. En verba canonis 16 § 1: "Nulla ignorantia legum irritantium aut inhabilitantium ab eisdem excusat, nisi aliud expresse dicatur." Nihil aliud ullibi dicitur. Quandoque ignorantia excusat, si lex statuitur unice per modum poenae (ergo verba canonis relati, "nisi aliud expresse dicatur"); hic autem attenditur lex statuta intuitu boni publici et non in poenam.[105]

Secundo, confessarius potest ignorare complicem adesse, vel ignorare, ignorantia invincibili, eum nondum directe esse absolutum. In utroque casu applicanda sunt principia exposita in praecedenti sectione. Si solum peccatum complicitatis exponitur, sive uti materia necessaria sive libera, sacramentum non perficitur, etsi licite agit confessarius. Si alia peccata exponuntur cum peccato complicitatis, ea directe remittuntur, peccatum complicitatis indirecte.

Certo non desunt auctores qui affirmant huiusmodi absolutionem valere. Inter eos censendi sunt Berardi [106] et Pennacchi.[107] Ii autem

[104] Cf. Cerato, *op. cit.*, n. 142; *Censurae Vigentes*, Patavii, 1918, n. 105, ad principium. Cappello, hunc tractans casum, docet absolutionem probabilius esse invalidam: *De Sacramentis*, II, 1, n. 618; *De Censuris*, n. 166. Inter alios qui tenent absolutionem valere, aut directe aut indirecte, numerandi sunt: Bucceroni, *op. cit.*, n. 72; Berardi, *op. cit.*, n. 4677; Pennacchi, *op. cit.*, p. 312; Iorio, *op. cit.*, III, n. 610; Aertnys-Damen, *op. cit.*, II, n. 403; Noldin, *op. cit.*, n. 385; Santi-Leitner, *op. cit.*, p. 224; et Many, *op. cit.*, p. 406.

[105] Roberti, *De Delictis et Poenis*, n. 77, ad finem.

[106] *Op. cit.*, n. 4677.

[107] *Op. cit.*, p. 312, sq.

ex eo praesertim arguunt quod Constitutio "*Sacramentum Poenitentiae*" requirit ut confessarius agat scienter volenter, ausu, nempe, temperario. Has conditiones nullo modo apponit canon 884, caditque ratio. Sufficit afferre hanc canonis partem: "Absolutio complicis in peccato turpi invalida est, praeterquam in mortis periculo. . . ."

Alio argumentationis capite utuntur Iorio [108] et De Smet.[109] Iorio haec habet: "Quia non videtur Ecclesiam hunc casum velle comprehendere cum tanta iactura confessionis et paenitentis, qui (in bona fide, ut supponitur) exponeretur secus periculo nunquam habendi absolutionem *directam* in illud peccatum.". Pergit De Smet: "Quod autem *non sit irrita,* sed valida (huiusmodi absolutio), etiam respectu ipsius peccati complicitatis, licet id a non paucis negatur, deduci posse videtur ex ejusdem Benedictinae Constitutionis tenore, in par. 4a. Censetur scil. dispositio irritativa induci in sanctionem dispositionis prohibitivae, eique subordinari, nec adeo latius quam illa extendi. Caeterum irritatio absolutionis, si limites excederet prohibitionis, et in specie casum afficeret sacerdotis inadvertenter ac bona fide complicem absolventis, sanctionem induceret quae solum attingeret poenitentem: quod alienum videtur a disciplina Benedictina." Quae difficultates ita solvuntur: poenitens rite dispositus discedit certo iustificatus, etsi tantum indirecte absolutus. Finis legis, utpote salus animarum, semper obtinetur. Quaerelae, si quae inveniantur, potius ex bona fide confessarii quam ex lege ortum suum trahunt.[110]

Tertio, poenitens ignorare potest confessarium esse suum complicem. Duplex casus concipi potest. Primus casus est in quo poenitens hic et nunc non agnoscit confessarium uti complicem, etsi alias eum bene noverit, sive intra sive extra peccati commissionem. In hoc casu con-

[108] *Op. cit.*, n. 610.

[109] *Op. cit.*, n. 8. Ibi citatur Ballerini-Palmieri, *op. cit.*, V, n. 650, qui incipit argumentum a De Smet elaboratum, his verbis: "cur solus poenitens inscius punietur?"

[110] Inter eos qui negant huiusmodi absolutionem valere censendi sunt: Cappello, *De Sacramentis*, II, 1, n. 625; *De Censuris*, n. 171; Chelodi, *Ius* validitati sunt: Berardi, *op. cit.*, n. 4677, cui accedit Coronata, *op. cit.*, III, n. 2088; De Smet, *op. cit.*, n. 8; Iorio, *op. cit.*, III, n. 610; Pennacchi, *op. cit.*, p. 312, sq.

fessarius certo procedere non potest. Adest enim illa formalis complicitas quae tollit omnem iurisdictionem. Alter vero casus accidere potest, in quo poenitens neque in actu peccati neque extra illum agnoscit complicem uti sacerdotem. In hoc casu, iuxta fere omnes, confessarius pergere potest, valideque et licite absolvit, directe ab aliis peccatis, indirecte saltem a peccato complicitatis. Ratio est quia secus confessarius teneretur se prodere cum gravi infamia suiipsius et sacerdotii et cum ingenti poenitentis scandalo.[111]

DUBIUM:

An sacerdos dubitans, utrum poenitens sit eius complex, illum absolvere possit? Huic quaestioni satisfit a Iorio, qui optime tradit principia in solutione adhibenda: "*Resp. Affirm.* ex can. 15: 'Leges, etiam irritantes et inhabilitantes, in dubio iuris non urgent.' Nec necesse est recurrere ad dubium *positivum* et *probabile,* in quo Ecclesia iurisdictionem supplet ad normam can. 209. Unde etiam in dubio *negativo,* quod utut per se pro nihilo faciendum esse, hac in re tenere non videtur dubium cum ex positiva mente Ecclesiae illud heic non excludatur. Agitur enim de *dubia* extensione legis ad casum qui ideo non censetur sub ea comprehendi, eo vel magis quod tum can. 884 tum can. 2367 strictae subsunt interpretationi ad normam can. 19 et can. 2219, § 1. Hinc stante dubio etiam negativo, lex non urget. —Nec regulariter imponi potest onus confessario ulterius inquirendi a paenitente an secum peccaverit etc., tum quia nemo tenetur seipsum prodere, tum ob periculum exoriturae infamiae et forte scandali sive pro se sive pro paenitente, a quo, nisi confessarius certus sit (quod in casu negatur), non licet petere nomen complicis eiusve connotatorum, nec circa sextum Decalogi praeceptum quae videri possent curiosa et inutilia exquirere. Vide can 888, § 2." [112]

[111] Ballerini-Palmieri, *op. cit.*, V, n. 650; Santi-Leitner, *op. cit.*, V, p. 224; Cappello, *De Sacramentis*, II, 1, n. 625; *De Censuris*, n. 171; Chelodi, *Ius Poenale*, n. 90; De Smet, *op. cit.*, n. 12; Iorio, *op. cit.*, III, n. 613; Coronata, *op. cit.*, IV, n. 2088; confer tamen Aertnys-Damen, *op. cit.*, II, n. 403, ad finem, qui theoretice negat validitatem absolutionis, practice vero defendit uti probabilem hunc usum directae et indirectae absolutionis; Pennacchi, *op. cit.*, p. 322, ad finem, simpliciter negat absolutionem valere.

[112] Iorio, *op. cit.*, III, n. 607; confer etiam Cappello, *De Sacramentis, loc. cit.*; *De Censuris, loc. cit.*; Santi-Leitner, *loc. cit.*; Coronata, *loc. cit.*; Berardi, *op. cit.*, n. 4679; Pennacchi, *op. cit.*, p. 333; Bucceroni, *op. cit.*, n. 73.

De neo-converso:

Quid, tandem, de casu in quo poenitens complex cum sacerdote peccavit antequam in Ecclesiam recipitur; nunc autem, rite instructus, et absolute vel conditionaliter baptizatus, confessionem instituit apud confessarium complicem. Distinguendum est: si poenitens absolute baptizatur, peccata anteactae vitae ita a baptismi sacramento delentur ut neque uti materiam necessariam neque uti materiam liberam in confessione ea offerre possit poenitens.[113] Si vero peccatum complicitatis post baptismum committitur, eisdem regulis uti debet confessarius ut in aliis peccatis eiusdem generis. Magis urget tamen difficultas si baptismum confertur tantum sub conditione. Poenitens tunc accusat se de omnibus pecatis saltem gravibus a se patratis a tempore prioris et dubii baptismi usque ad tempus baptismi conditionalis; inter quae peccata, in casu, facile invenietur peccatum complicitatis. Respondendum videtur confessarium posse et valide et licite, per se, procedere in casu. Per se, quia ob reverentiam erga sacramentum facile lapsuram, et ob periculum facile eventurum relabendi in peccatum, confessio ordinarie fieri debet apud alium confessarium. Pro validate et liceitate huiusmodi absolutionis iterum recurritur ad canonem 15—"Leges, etiam irritantes et inhabilitantes, in dubio iuris non urgent." Certo in causa habetur non tantum dubium sed dubium grave, *ita quidem grave ut etiam post examen prudens* sacerdos iudicium certum ferre nequeat de validitate baptismi primo collati, et hic et nunc procedat ad baptismum conditionale conferendum. Si ergo dubium adest de baptismo, aequum dubium existere dicendum est de peccatis quae commissa sunt inter baptismum dubium et baptismum conditionale. Stante ergo hoc dubio, sacerdos et valide et licite absolvit poenitentem.[114]

[113] Concilium Tridentinum, Sess. VI, *Decreta de iustificatione*, Cap. 14, apud Denzinger-Bannwart-Umberg, *Enchiridion Symbolorum*, n. 807; confer quoque canones 901, 902, Codicis Iuris Canonici.

[114] Gspann, *Absolutio complicis nach einer Taufe sub conditione* apud *Theologisch-praktische Quartal-Schrift*, LXII (1909), pp. 804, sq.; Gennaro, *De Baptismo adultorum et de absolutione complicis*, apud *Perfice Munus*, IV (1929), pp. 194-195.

Caput V

CANON 2367

Can. 2367.—§ 1. Absolvens vel fingens absolvere complicem in peccato turpi incurrit ipso facto in excommunicationem specialissimo modo Sedi Apostolicae reservatam; idque etiam in mortis articulo, si alius sacerdos, licet non approbatus ad confessiones, sine gravi aliqua exoritura infamia et scandalo, possit excipere morientis confessionem, excepto casu quo moribundus recuset alii confiteri.

§ 2. Eandem excommunicationem non effugit absolvens vel fingens absolvere complicem qui peccatum quidem complicitatis, a quo nondum est absolutus, non confitetur, sed ideo ita se gerit, quia ad id a complice confessario sive directe sive indirecte inductus est.

Articulus I—De Terminis in Canone Contentis

Absolutio:

Ille dicitur in hoc canone absolvere qui impertit absolutionem de qua in canone 884, qui in confessione habet intentionem vere absolvendi, et formam absolutionis reipsa cum tali intentione profert. Forma illa est qua utitur Ecclesia, "Ego te absolvo a peccatis tuis, in nomine Patris et Filii et Spiritus Sancti. Amen."[1] Quae absolutio, in confessione, impertitur a confessario poenitenti, super peccatis ab eo debite accusatis, et est sententia iudicialis quae, si valide conceditur et licite recipitur, liberat poenitentem a peccatis.

A sanctione poenali hoc canone stabilita excipiuntur solummodo Romanus Pontifex et Cardinales. Hoc patet tum ex verbis Constitutionis "*Sacramentum Poenitentiae,*" n. 4, ubi iurisdictio adimitur in his casibus "omnibus et singulis sacerdotibus . . . cuiuscumque . . . dignitatis," tum ex verbis praesentis canonis quae attingunt *quemcumque* absolventem vel fingentem absolvere. Patet quoque ex canone

[1] *Rituale Romanum,* Tit. III, cap. 2; Concilium Tridentinum, Sess. XIV, cap. 3, apud Denzinger-Bannwart-Umberg, *Enchiridion Symbolorum,* n. 896.

2227, § 2: "Nisi expresse nominentur, S.R.E. Cardinales sub lege poenali non comprehenduntur, nec Episcopi sub poenis latae sententiae suspensionis et interdicti." Cardinales certo non nominantur in canone 2367; Episcopi vero comprehenduntur, ex eo quod poena latae sententiae ibi statuta excommunicationis est, et non suspensionis vel interdicti.

Hic non attenditur auditio confessionis complicis in peccato turpi, sed eius absolutio. Pudor etiam auditionem prohibet, cum haec vergat in dedecus sacramenti et in periculum relapsus. Neque, uti notat Coronata, certo deest lex de re positiva;[2] disciplina enim Benedictina, uti habetur in Constitutione "*Sacramentum Poenitentiae*," n. 4, sic sonat: ". . . interdicimus et prohibemus, ne aliquis eorum (confessariorum), extra casum extremae necessitatis, nimirum in ipsius mortis articulo, et deficiente tunc quocumque alio sacerdote, qui confessarii munus obire possit, confessionem sacramentalem personae complicis in peccato turpi atque inhonesto, contra sextum Decalogi praeceptum commisso, excipere audeat, sublata propterea, etc. . . ." Sanctus Alphonsus aperte confitetur se quaesivisse responsum a Sacra Poenitentiaria praecise de hac re: "an incurrat hanc excommunicationem sacerdos, qui complicem non absolvit, sed tantum in confessione audit? Super hoc dubio consului sacram Poenitentiarim, quae die 9 Julii 1751 respondit absolute: *Non vitari excommunicationem a praedicto confessario per fictionem absolutionis.* Et huic sententiae ego jamdudum adhaesi; sed postea, cum percurrissem constitutionem ejusdem Pontificis *Bened. XIV. Inter praeteritos*, oppositum satis declaratum reperi, ut patet ex sequentibus verbis: *Non minus sacerdoti complici, qui vel extra mortis articulum confessionem excipit poenitens*, eumque absolvit, *vel qui in articulo mortis* absolvit, *cum alius sacerdos non desit . . . excommunicationis majoris poena a nobis in citatis constitutionibus imposita fuit.*"[3] Quamvis egro S. Poenitentiaria quaestioni directe nullatenus responsum dedit, tamen Constitutio "*Sacramentum Poenitentiae*" postea intellecta fuit in sensu in Constitutione "*Inter Praeteritos*" exposito, uti patet ex eo quod neque Bulla "*Apostolicae Sedis*," neque Codex Iuris Canonici attingit praecise "audientes."

[2] *Op. cit.*, IV, n. 2080, in nota.

[3] *Theologia Moralis*, lib. VI, n. 556.

Fictio Absolutionis:

Is dicitur fingere absolutionem qui etsi formam non profert, *ita tamen agit ut poenitens credat se esse absolutum*, quod fieri potest signis, nutibus, verbis. Forma simulationis parum refert; si poenitens recedit putans se esse absolutum, locum habet fictio, et contrahitur poena, nisi confessarius meliori quo facere potest modo poenitentem admonet de absolutione realiter non concedenda.

Iam anno 1751 Sacra Poenitentiaria poena maioris excommunicationis sancivit fictionem absolutionis in causa complicis, uti docet Sanctus Alphonsus, lib. VI, n. 556, referens responsum: "Non vitari excommunicationem a praedicto confessario per fictionem absolutionis." Alia responsa quae ad punctum magis pertinent sunt illud diei 1 Martii, 1878, Sacrae Poenitentiariae:

"Q. Utrum confessarius, qui suum vel suam complicem in peccato turpi, ad mentem B. *Apostolicae Sedis*, n. 10 simulaverat absolvisse, recitando v.g. orationem quamdam, vel alia verba pronuntiando, aut etiam tacendo, ita ut videretur tamen per signa vel manuum gestus revera poenitentem a peccatis relaxare, incurrit excommunicationem specialiter S. Pontifici reservatam, de qua agitur in praefata Bulla?

Sacra Poenitentiaria, mature perpensis expositis dubiis, super iisdem pariter respondet: Confessarios simulantes absolutionem complicis in peccato turpi non effugere excommunicationem reservatam in B. S. S. Benedicti XIV *Sacramentum Poenitentiae*."

Et aliud Sancti Officii, diei 5 Decembris, 1883, quod, sub Q. 2, sic se habet: "Iterum docent (fere omnes Constitutionis *Apostolicae Sedis* commentatores) illum confessarium excommunicationi non subiici qui complicem in peccato turpi absolvere fingit, sed reipsa non absolvit. Contrarium tamen declaravit S. Poenitentiaria die 1 Martii 1878. An possit orator permittere ut in suo Seminario doceatur praefata commentatorum sententia responsioni Sacrae Poenitentiariae opposita.

R. ad 2. *Negative.*—SSm̃us approbavit et confirmavit."

Certo non fingit absolvere poenitentem qui, poenitente admonito, aliquas preces recitat ut adstantes credant absolutionem fuisse impertitam, eumque cum benedictione dimittit.

Complicem in peccato turpi:

Qui complex, uti visum est in commentario de canone 884,[3a] est "persona quaecumque illa sit, sive mas sive femina, quae cum sacerdote, sive ante ordinationem sive post ipsam, sive agens sive patiens, culpa gravi interna et externa ultro citroque seu ex utraque parte, atque ultro citroque externe manifestata contra sextum decalogi praeceptum peccavit."[4]

Excommunicatio specialissimo modo Sedi Apostolicae reservata:

Haec excommunicationis poena, ipso facto absolutionis in causa datae vel absolutionis fictionis contrahenda olim dicebatur maior vel speciali modo reservata. De facto autem semper exstitit specialissimo modo reservata; quod ex sequentibus argumentis patet:

Poena pari passu cum ademptione iurisdictionis processit: Sanctum enim Officium die 31 Septembris 1859 sequens responsum dedit: "Q. 2: Se i Vescovi in virtu del Capo *Liceat* possano assolvere dai casi occulti riservati alla S. Sede dopo il Concilio di Trento, e nominatamente un confessore che abbia attentato di assolvere il complice nel peccato turpe. Et responsum est:

R. ad 2. Non posse. . . ."

Eandem doctrinam probat responsum Sancti Officii diei 18 Iulii, 1860, ad 1: "Utrum habeat Episcopus in sua dioecesi, extra Italiam, facultatem sive per se, sive per delegatum specialem, absolvendi ab excom municatione occulta quam confessarius contraxit absolvendo, extra articulum mortis, complicem in crimine turpi. Cui respondetur:

R. ad 1. *Negative*. . . ."

Solidissimam autem probationem affert alia Instructio Sancti Officii diei 20 Februarii, 1866. En eius verba: "Et re quidem vera Vicario Apostolico Cocincinae sciscitanti: 2. An eadem Constitutio ("*Sacramentum Poenitentiae*") restringi possit ac moderari in aliquo casu ob magnam confessariorum penuriam in eodem regno Cocincinae; iussu Pii VI anno 1775 opportuna instructione responsum fuit: ad 2. *Negative*.

[3a] *Supra*, p. 35.

[4] Coronata, *op. cit.*, IV, n. 2081.

Et proxime SSmus D. N. Pius Papa IX decreto huius supremae Inquisitionis sub feria IV, die 27 Iunii anno 1866 edixit, 'in facultatibus quibus Episcopi aliique Ordinarii ex concessione Apostolica pollent absolvendi ab omnibus casibus Apostolicae Sedi reservatis excipiendos semper in posterum et exceptos habendos esse casus reservatos in Bulla Benedicti XIV quae incipit "*Sacramentum Poenitentiae.*" ' "

Fontes, sub numero 995, haec addit: "Et Sacrae Congregationi de Propaganda Fide iniunctum voluit, ut in expediendis facultatibus formularum post verba 'absolvendi ab omnibus casibus Apostolicae Sedi reservatis etiam in Bulla *Coenae' addatur* 'exceptis casibus reservatis in Bulla Bened. XIV, quae incipit *Sacramentum Poenitentiae.*' "

Si ergo aliquae concessiones in annis Iubilaei factae sunt, non est dubium quin excommunicationis reservatio specialissimo modo remanserit et remaneat.

MORTIS ARTICULUS:

Hoc loco, uti iam notatum est (p. 44), convertuntur termini "articulus mortis" et "periculum mortis." "Illud rerum discrimen" intenditur, "in quo, cum quis constitutus est, ipsum et superesse et occumbere posse, utrumque est vere graviterque probabile."[5] Sive causa sit extrinseca sive intrinseca, uti supra notatum est (p. 46), valet conditio, et conditionis causae valent uti supra in exemplis indicatur.

SI ALIUS SACERDOS, LICET NON APPROBATUS AD CONFESSIONES SINE GRAVI ALIQUA EXORITURA INFAMIA ET SCANDALO, POSSIT EXCIPERE CONFESSIONEM:

Haec canonis elementa supra, pp. 48-57 exposita sunt.

EXCEPTO CASU QUO MORIBUNDUS RECUSET ALII CONFITERI:

Si poenitens, monitus in quantum fieri potest de obligatione alii confitendi peccatum complicitatis, nihilominus recusat alii sacerdoti confiteri, confessarius valide, in causa, et etiam licite agit. Si vero

[5] D'Annibale, *Summula,* I, n. 38.

recusat quia ad id persuasus adductus fuerit a confessario, sive directe sive indirecte, iuxta dicta in p. 53, supra, confessarius plectitur censura.

CASUS POENITENTIS QUI A CONFESSARIO DIRECTE AUT INDIRECTE INDUCITUR TACERE PECCATUM COMPLICITATIS NONDUM REMISSUM:

Limites huius casus iam anno 1896 statuti sunt, in sequenti responso Sacrae Poenitentiariae:

> "Iam quaesitum fuit a S. Poenitentiaria 'An incurrat censuras, in absolventes complicem in peccato turpi latas, qui complicem quidem absolvit, sed complicem qui complicitatis peccatum in confessione non declaravit.' Et S. Poenitentiaria die 16 Maii 1877 respondendum censuit: Privationem iurisdictionis absolvendi complicem in peccato turpi, et adnexam excommunicationem, quatenus confessarius illum absolverit, esse in ordine ad ipsum peccatum turpe, in quo idem confessarius complex fuit. Hanc vero responsionem quidam ita interpretantur, ut excommunicatio in absolventes complicem lata, fere semper eludi possit. Siquidem ad hoc sufficere poenitentem complicem a confessario praemoneri de peccato huiusmodi non declarando. Sic enim, iuxta eosdem, absolvens complicem, semper immunis a censura evaderet. Ad praecavendos in re tanti momenti abusus, *quaeritur:*
>
> 1. An effugiat censuras, in absolventes complicem in re turpi latas, confessarius, qui complicem, sed de peccato complicitatis in confessione tacentem, absolvit; quamvis certus sit, complicem non adiisse alium sacerdotem, nec ideo fuisse absolutum a peccato complicitatis. Ratio dubitandi videtur esse quia in tali casu, quamvis peccatum complicitatis non subiiciatur clavibus a poenitente, confessarius tamen non potest absolvere complicem ab aliis peccatis, quin, eo ipso, indirecte saltem, eum absolvat a peccato complicitatis quod scit non adhuc fuisse clavibus rite subiectum, neque ideo remissum.
>
> 2. An incurrat censuras in absolventes complicem in peccato turpi latas, confessarius qui, ad vitandas praefatas censuras, induxit *directe* vel *indirecte* poenitentem complicem ad non declarandum peccatum turpe, cum ipso commissum, et deinde complicem absolvit, sed peccatum complicitatis non declarantem. Ratio dubitandi est quia *nemini fraus sua patrocinari debet;* insuperque si, talia agendo, confessarius censuras praecaveret, iam prohibitio absolvendi complicem, sub poena excommunicationis, illusoria plerumque videretur. *Directe* autem confessarius inducit poenitentem, quando positive et explicite eum praemonet

de tacendo peccato complicitatis, quia, v.g. illud iam novit et declaratio illius esset inutilis. *Indirecte* vero inducit, quando confessarius suadere conatur poenitentem, sive quod actio turpis cum ipso commissa non est peccatum, sive saltem non tam grave, ut de ipso inquietari debeat; unde poenitens concludit ipsi licere non declarare tale peccatum, et ab eo declarando revera abstinet.

R. Sacra Poenitentiaria, mature consideratis expositis, et approbante SSmo Dño Nostro Leone PP. XIII, declaravit, *excommunicationem reservatam in Bulla* Sacramentum Poenitentiae *non effugere confessarios absolventes vel fingentes absolvere eum complicem, qui peccatum quidem complicitatis, a quo nondum est absolutus, non confitetur, sed ideo ita se gerit, quia ad id confessarius poenitentem induxit, sive directe sive indirecte.*"

Haec doctrina Sacrae Poenitentiariae ab omnibus auctoribus accipitur, praesertim quatenus respicit directam vel indirectam poenitentis suasionem ad peccatum tacendum. Nec refert utrum confessarius poenitenti ita suadeat per se an per alium, in confessione an extra, in actu peccati an postea.[6]

Sed et ulterior fraus legis excogitata est: casus illius confessarii qui complici utique innocenti persuadet actus inter se *patrandos,* etsi vere peccaminosos, non esse saltem gravia peccata. Communis doctorum opinio semper docuit complicitatem formalem requiri, tam pro ademptione iurisdictionis quam pro censurae inflictione. Hac autem in causa certo deest dicta complicitas, ex eo praecise quod poenitens, etsi falso, credit se nullatenus pecasse. Casus etiam nunc non includitur sub canone 884, in quantum poenitens non est complex in sensu supra exposito. Attamen malitia confessarii censura nunc punitur canonis 2367, § 2, ratione sequentis resolutionis Sancti Officii diei 16 Novembris, 1934:

In plenario conventu huius Supremae Sacrae Congregationis Sancti Officii, habito feria IV, die 14 Novembris 1934, proposito dubio:

"An inter *indirecte inducentes,* de quibus in canone 2367, § 2, Codicis iuris canonici, adnumerandus etiam sit confessarius qui

[6] Cf. De Smet, *op. cit.*, n. 20, in medio; Cappello, *De Sacramentis*, II, 1, n. 635, 3°; *De Censuris*, n. 185, 3°; Iorio, *op. cit.*, III, n. 609; Vermeersch, *op. cit.*, III, n. 459, in medio.

sive intra sive extra confessionem sacramentalem, alicui persuaserit in turpibus inter se patrandis aut nullum aut certe non grave inesse peccatum eumque consequenter, de aliis tantum sibi postea confitentem sacramentaliter absolvit vel fingit absolvere."

Eñi ac Revñi Dñi Cardinales fidei morumque integritati tutandae praepositi, omnibus mature perpensis, respondendum decreverunt:
R. *Affirmative*, facto verbo cum Ssño.

Hanc vero Eñorum Patrum resolutionem, in audientia R.P.D. Adsessori Sancti Officii die 10 eiusdem mensis et anni impertita, Ssñus D. N. Pius div. Prov. Pp. XI adprobare et suprema Sua autoritate confirmare dignatus est ac publici iuris faciendam iussit.

Notionem quae stabilitur praecedenti resolutione iam defendebat Arendt ab anno 1923, contra omnes; [7] auctores eam nunc communiter tradunt. Forsan iuvabit haec de re affere de Iorio: "Hoc decretum ut legenti constat, *extensivam* interpretationem can. 2367, § 2 exhibet; imo quoniam dicitur in eo 'facto verbo cum SS.mo,' novam legem facit quae *directe* et *unice* ipsum confessarium punire intendit, qui enorme crimen talis suasionis commiserit. Et ideo ad complicem etiam *materialem* extenditur, quatenus hunc etiam si mediante persuasione confessarii in ignorantiam *invincibilem* coniciatur de malitia peccati turpis cum eodem patrati vel patrandi, absolvere non poterit *neque ab aliis peccatis, excepto* casu *extremae* necessitatis, quin excommunicationem incurrat.

Cum igitur notio complicis in hoc decreto latius pateat, saltem quoad sanctionem *poenalem* pro *confessario*, quia et complicem *materialem* comprehendit, non mirabimur si forte illud ut nova lex ad marginem cit. can. 2367 apponatur ad normam Benedicti XV Motu proprio '*Cum iuris can.*', 15 sept. 1917, n. III." [8]

Articulus II—Casus Inadvertentiae, Ignorantiae, Dubii

Supra, pp. 74-77, visi sunt casus de inadvertentia, de ignorantia, et de dubio. In quantum auctores inter se dissentiunt, tum de casu inadvertentiae tum de casu dubii, conceditur ab omnibus adesse

[7] Apud *Ius Pontificium*, III (1923), pp. 22 sq.
[8] Iorio, *op. cit.*, III, n. 609, b et c.

dubium iuris; unde ad canonem 884 quod attinet, confessarius prudenter procedere potest ad validam ac licitam absolutionem impertiendam. Spectato ergo eodem dubio iuris, in his casibus poena minime contrahitur, ad tenorem canonis 19: "Leges quae poenam statuunt . . . strictae subsunt interpretationi"; canonis 2219, § 1: "In poenis benignior est interpretatio facienda"; et praesertim canonis 2195, § 1: "Nomine delicti, iure ecclesiastico, intelligitur externa et moraliter imputabilis legis violatio cui addita sit sanctio canonica saltem indeterminata." His autem in causis nullam violat legem confessarius qui sequitur doctrinam quae tamquam probabilis tenetur et docetur a probatis auctoribus. Et eodem modo respondetur causae in qua confessarius *directe* absolvit peccatum complicitatis iam rite et directe absolutum, iuxta dicta in pp. 107 sq. Quaedam autem addenda videntur de ignorantia.

Lex Benedictina, uti proposita in Constitutione "*Sacramentum Poenitentiae*" et ulterius exposita ab ipso Benedicto XIV, requirebat *ausum temerarium, praesumptionem.* Communiter ergo docebant doctores confessarium complicem absolventem cum ignorantia crassa et supina non incurrere poenam excommunicationis, secundum regulas generales de censuris. Anno autem 1869 publicata fuit Constitutio Pii IX "*Apostolicae Sedis,*" quae sub n. X tractavit casum complicis: "Absolventes complicem in peccato turpi, etiam in mortis articulo, si alius Sacerdos, licet non approbatus ad confessiones, sine gravi aliqua exoritura infamia et scandalo, possit excipere morientis confessionem." Haec absolutio plectebatur poena excommunicationis latae sententiae speciali modo Romano Pontifici reservatae. Non obstante tamen quod Pontifex aperte dixit se novas leges condere, in introductione: " . . . decernimus, ut ex quibuscumque censuris sive excommunicationis, sive suspensionis, sive interdicti, quae per modum latae sententiae, ipsoque facto incurrendae, hactenus impositae sunt, non nisi illae quas in hac ipsa Constitutione inserimus, *eoque modo* quo inserimus, robur exinde habeant: simul declarantes easdem non modo ex veterum Canonum auctoritate, *quatenus cum hac Nostra Constitutione conveniunt, verum etiam ex hac ipsa Constitutione Nostra, non secus ac si primum editae ab ea fuerint, vim suam prorsus accipere debere*"; auctores nihilominus docebant ignorantiam etiam crassam et supinam excusare ab incurrenda praedicta poena.[9] Argumentum proponebant sequens: Constitutio "*Apostolicae Sedis*" necessario interpretari debet, praesertim in dubiis, secundum legem anteriorem, Constitutionem, nempe, "*Sacramentum Poenitentiae.*" Litem tamen compescebat responsum Sancti Officii diei 13 Ianuarii, 1892, quod sic currit: "Q. 3. Utrum absolventes complicem in re turpi cum ignorantia crassa seu supina hanc excommunicationem incurrant an non.

R. Ad 3. In casu incurrere."

Ad poenam quod attinet, lex hodierna de ignorantia clarissime liquet in canone 2229 qui partim hic refertur:

§ 1. A nullis latae sententiae poenis ignorantia affectata sive legis sive solius poenae excusat, licet lex verba de quibus in § 2 contineat.

§ 2. Si lex habeat verba: *presumpserit, ausus fuerit, scienter, studiose, temerarie, consulto egerit* aliave similia quae plenam cognitionem ac deliberationem exigunt, quaelibet imputabilitatis imminutio sive ex parte intellectus sive ex parte voluntatis eximit a poenis latae sententiae.

§ 3. Si lex verba illa non habeat:

1° Ignorantia legis aut etiam solius poenae, si fuerit crassa vel supina, a nulla poena latae sententiae eximit; si non fuerit crassa vel supina, excusat a medicinalibus, non autem a vindicativis latae sententiae poenis.

Excusantur a poena, ergo, illi solummodo qui agunt cum ignorantia invincibili seu inculpabili, aut cum ignorantia simpliciter culpabili, etsi sit graviter mala. Huiusmodi confessarii non plectuntur poena canonis 2367.[10]

[9] Testis est Many, *op. cit.*, p. 406; inter auctores invenitur Huguenin, *Constitutionis* "Apostolicae Sedis" *Brevis Explanatio*, Parisiis, 1877, p. 34.

[10] Cf. praesertim Swoboda, *Ignorance in Relation to the Imputability of Delicts*, The Catholic University of America Canon Law Studies No. 143, Washington: The Catholic University of America Press, 1941, Caput VII, Effect of Ignorance upon Penal Imputability, et Caput VIII, Effect of Ignorance upon Responsibility for *Latae Sententiae* Penalties; Cappello, *De Censuris*, nn. 17, et 53; Many, *op. cit.*, p. 406; ignorantiae distinctiones sic summatim habentur apud D'Annibale, *Summula*, I, n. 132: "Principio, si nihil volitum quin praecognitum, eius, qui de ignorantia sua nihil suspicatur, in-

Extensio Legis

Quaeri potest utrum lex canonis 2367 extendatur ad Orientales necne. Sufficit referre resolutionem Sancti Officii diei 21 Iulii, 1934:

> Cum ex expresso Ssmi D. N. Pii divina Providentia Pp. XI mandato ad Supremam hanc Sacram Congregationem Sancti Officii delata fuerit quaestio an sanctiones contentae in cann. 2320, 2343 § 1, 2367, 2369 Codicis iuris canonici, quibus quaedam delicta excommunicatione latae sententiae specialissimo modo Sanctae Sedi reservata plectuntur, extendantur ad universam Ecclesiam, Emi ac Revmi Domini Cardinales rebus fidei morumque tutandis praepositi, omnibus mature perpensis, praehabitoque Sacrae Congregationis Orientalis et Sacrae Poenitentiariae Apostolicae voto, in plenario conventu habito Feria IV, die 12 Iulii 1934, decreverunt huiusmodi sanctiones, attenta omnino extraordinaria ipsorum delictorum gravitate, extendi ad universam Ecclesiam Latinam et Orientalem cuiuscumque ritus, atque eorumdem delictorum cognitionem quoad forum internum Sacrae Poenitentiariae, quod forum externum Sancto Officio reservari.
>
> Et sequenti Feria V. die 19 eiusdem mensis et anni, Ssmus D. N. D. Pius divina Providentia Pp. XI, in solita audientia Excmo ac Revmo Dno Assessori Sancti Officii impertita, relatam Sibi Emorum Patrum resolutionem adprobare et suprema Sua auctoritate confirmare dignatus est, et publici iuris faciendam iussit.

Articulus III—Absolutio Poenitentis et Censurati

Casus advenientis poenitentis qui extra periculum mortis et etiam in periculo mortis extra casum necessitatis absolutus est a confessario secum complice in peccato turpi non est difficilis. Huiusmodi enim

voluntaria semper et prorsus invincibilis ignorantia . . . est. Si quis dubitat, inquirere debet sive per se sive per alios; nec utcumque, sed diligenter: diligentia non quidem summa (hoc enim res foret infinita, et scrupulis plena), sed communi et ordinaria; scilicet pro rei gravitate, ac tempore. Et si explorare nequiverit, vel frustra exploraverit, adhuc involuntaria erit haec ignorantia: contra si non satis exploraverit, est voluntaria. Quae vel directe voluntaria esse potest, vel indirecte: directe, si noluit explorare, ne ab agendo prohiberetur: quae idcirco proprio nomine *affectata* dici solet; indirecte, si propter desidiam non exploraverit. Haec *ex desidia ipsa* metiri debet; et ideo in eo, qui aliquam, sed non sufficientem pro rei gravitate diligentiam adhibuit, *vincibilis* simpliciter; in eo qui exiguam, aut nullam, *crassa, lata, supina,* dici solet."

poenitens nullatenus nodatur censura, eiusque peccata nemini sunt reservata, nisi relate ad solum complicem sacerdotem. Ope interrogationis confessarius poterit addiscere illa peccata mortalia iam non directe remissa vel iam forsan tantum sacrilege admissa, propter sacrilegam tacentiam peccati vel peccatorum complicitatis. Illis omnibus peccatis admissis poenitens libere absolvitur a quocumque sacerdote munito facultatibus aliter requisitis. Auctores tamen docent confessarium caute interrogare debere poenitentem utrum unquam locum habuerit peccatum sollicitationis; simulque eum benigne monere de obligatione vitandi omnem relapsus occasionem, abstinendo omnino a confessionibus instituendis apud complicem confessarium.[11]

Casus vero sacerdotis qui contra praescripta canonis 884 absolutionem complici impertitus est, ideoque nodatus est censura canonis 2367, longiore indiget tractatione. Confessarius cui accedit talis sacerdos poenitens in memoria tenere debet doctrinam canonum 2247, § 3, et 2338, § 1: prior sic legitur: "Si confessarius ignorans reservationem, poenitentem a censura ac peccato absolvat, absolutio censurae valet, dummodo ne sit censura ab homine aut censura specialissimo modo Sedi Apostolicae reservata"; et alter: "Absolvere praesumentes sine debita facultate ab excommunicatione latae sententiae specialissimo vel speciali modo Sedi Apostolicae reservata, incurrunt ipso facto in excommunicationem Sedi Apostolicae simpliciter reservatam."

Si poenitens sacerdos invenitur in periculo mortis, applicandus est canon 882: "In periculo mortis omnes sacerdotes, licet ad confessiones non approbati, valide et licite absolvunt quoslibet poenitentes a quibusvis peccatis aut censuris, quantumvis reservatis et notoriis, etiamsi praesens sit sacerdos approbatus, salvo praescripto can. 884, 2252" cum canone 2252: "Qui in periculo mortis constituti, a sacerdote, specialis facultatis experte, receperunt absolutionem ab aliqua censura ab homine vel a censura specialissimo modo Sedi Apostolicae reservata, tenentur, postquam convaluerint, obligatione recurrendi, sub poena reincidentiae, ad illum qui censuram tulit, si agatur de censura ab homine; ad S. Poenitentiariam vel ad Episcopum aliumve facultate praeditum, ad normam can. 2254, § 1, si de censura a iure; eorumque

[11] De Smet, *op. cit.*, n. 55; Cappello, *De Censuris*, n. 188.

mandatis parendi"; et cum canone 2254, § 1: "In casibus urgentioribus, si nempe censurae latae sententiae exterius servari nequeant sine periculo gravis scandali vel infamiae, aut si durum sit poenitenti in statu gravis peccati permanere per tempus necessarium ut Superior competens provideat, tunc quilibet confessarius in foro sacramentali ab eisdem, quoquo modo reservatis, absolvere potest, iniuncto onere recurrendi, sub poena reincidentiae, intra mensem, saltem per epistolam et per confessarium, si id fieri possit sine gravi incommodo, reticito nomine, ad S. Poenitentiariam vel ad Episcopum aliumve Superiorem praeditum facultate et standi eius mandatis."

Si poenitens irregularitatem contraxit, iuxta canonem 985, 7°, forsan quoque applicandus erit canon 990, § 2: "Eadem facultas (dispensandi ab irregularitatibus) competit cuilibet confessario in casibus occultis urgentioribus in quibus Ordinarius adiri nequeat et periculum immineat gravis damni vel infamiae, sed ad hoc dumtaxat ut poenitens ordines iam susceptos exercere licite valeat." Casus enim concipi potest in quo cappellanus militaris, censura innodatus et irregularis, imminente proelio confitetur, et immediate Missam celebrare debet. Periculum enim mortis illud est de quo vidimus in interpretatione canonis 884: " . . . illud rerum discrimen, in quo, cum quis constitutus est, ipsum, et superesse, et occumbere posse, utrumque est vere graviterque probabile; sive periculum immineat ab intrinseco . . . sive ab extrinseco." [12]

Ille dicendus est convaluisse qui suis nunc perfungitur negotiis ordinariis, saltem sine gravi incommodo. Infra mensem a convalidatione transmittendus est Sacrae Poenitentiariae recursus poenitentis, sive a seipso confectus sive a confessario. His recursus *semper* faciendus est in hac causa, secundum canonem 2254, § 3: "Quod si in casu aliquo extraordinario hic recursus sit moraliter impossibilis, tunc ipsemet confessarius, excepto caus quo agatur de absolutione censurae de qua in can. 2367, potest absolutionem concedere sine onere de quo supra, iniunctis tamen de iure iniungendis, et imposita congrua poenitentia et satisfactione pro censura, ita ut poenitens, nisi intra congruum tempus a confessario praefiniendum poenitentiam egerit ac satisfactionem dederit, recidat in censuram." Recursus fieri

[12] D'Annibale, *Summula*, I, n. 38.

potest quacumque lingua, optime tamen lingua latina. Si fit ab ipso poenitente sequens formula haberi potest. Et poenitens melius hoc modo aget: nomen indicet proprium, sed locum alienum exhibeat, puta civitatem vicinae dioecesis, cum nota "poste restante" (General Delivery), ad quam postam deinceps accedat, per se vel per alium, rescriptum excepturus.[13] Recursus dirigitur aut Papae, aut Poenitentiario Maiori, aut Poenitentiariae Regenti; si Papae aut Poenitentiario Maiori, sic inscribitur involucrum:

A Sua Emineza Reverendissima
il Sig. Cardinale Penitenziere Maggiore,
S. Penitenzieria Apostolica,
Roma.

Si dirigitur Poenitentiariae Regenti, adhibitur haec indicatio:

All'Ill.mo e Rev.mo Signore
Mons. Regente della S. Penitenzieria Apostolica,
S. Penitenzieria Apostolica,
Roma.

Sequitur formula qua uti potest poenitens:

> Beatissime Pater (si dirigitur recursus ad Papam) Eminentissime Princeps (si dirigitur Poenitentiario Maiori) Ill.me ac Rev.me Domine (si dirigitur Poenitentiariae Regenti)
>
> Titius sacerdos humillime exponit sese a confessario in articulo mortis fuisse absolutum a censura quam contraxit ob absolutionem semel (aut bis, ter, secundum casum) datam complici (aut duobus, tribus, complicibus, secundum casum) in peccato turpi, (cumque ipso fuisse dispensatum in irregularitate, quam incurrit ob violationem censurae). Nunc autem convaluit et suppliciter recurrit ad (Sanctitatem Suam, Eminentiam Vestram, Sacram Poenitentiariam) pro opportuno remedio. Cum autem dicto Titio impossibile sit, attenta distantia, ad eumdem redire confessarium, ipsique valde durum sit alium adire confessarium, devote implorat idem orator ut miserae suae conditioni provideatur per rescriptum in forma gratiosa. Dignetur (Eminentia Vestra vel Sacra Poenitentiaria) rescriptum dirigere ad

[13] Haec desumpta sunt ex De Smet, *op. cit.*, n. 35.

N.N.

Locus.

Rescriptum quod a Sacra Poenitentiaria in hac causa mittitur est in forma gratiosa, uti patet, et eius non habetur executio. Poenitens simpliciter oboedire tenetur mandatis et instructionibus in eo contentis.

Si vero confessarius recursum facit pro poenitente, uti potest sequente formula, quae inscribi debet eodem modo ac formula praecedens.

> Titius sacerdos incidit in occultam excommunicationem latam quia complicem in peccato turpi semel (vel bis, vel ter, iuxta casum, vel complices, si casus ferat) sacramentaliter absolvit (et simul contraxit irregularitatem ex violatione censurae). A me infrascripto confessario absolutus in articulo mortis nunc convaluit, et facti sincere poenitens, per me, ad Vestram Eminentiam (Sacram Poenitentiariam) suppliciter recurrit pro opportuno remedio. Dignetur Eminentia Vestra (Sacra Poenitentiaria) rescriptum ad me dirigere, (Eminentiae Vestrae Reverendissimae humillimum famulum)

N.N.

Locus.

Rescriptum Sacrae Poenitentiariae in hac causa erit vel rescriptum ratihabitionis vel rescriptum absolutionis. In priore, Sacra Poenitentiaria ratam habet absolutionem quasi provisorie impertitam in articulo mortis; secundum De Smet haec forma generaliter est in modo gratioso; absolutio a confessario data vel declaratur rata, nullo mandato facto confessario, aut tacite approbatur, cum iniunctione clausularum.[14] Exemplar rescripti ratihabitionis sequitur:

> Sacra Poenitentiaria, attentis expositis a dilecto in Christo sacerdote N.N., litteris nuper datis, sacerdoti poenitenti, de quo agitur, iniungit ut officium confessarii infra annum dimittat, dimissumque amplius non resumat, et interim ab audiendis personae complicis confessionibus, quatenus citra grave scandalum potest, abstineat, eamque, si ad ipsum accesserit, monitam de nullitate praeteritarum absolutionum ad alium confessarium non complicem remittat. Pro foro conscientiae tantum.

[14] De Smet, *op. cit.*, n. 32.

Quatenus vero ob iustas gravesque causas officium dimittere nequeat, instante termino praefinito, iterum recurrat omnibus expositis et docendo praesertim de morum emendatione, ut opportune in Domino provideatur. Orator autem semel peragat exercitia spiritualia in aliqua religiosa domo vel alio idoneo loco a confessario designando, vel, quatenus id absque gravi incommodo fieri nequeat, etiam domi suae sub directione confessarii, per quinque integros et continuous dies.

Praesentibus attente perlectis et postea combustis, sub poena excommunicationis late sententiae. Datum Romae in S. Poenitentiaria.

Rescripto autem absolutionis Sacra Poenitentiaria novam impertit absolutionem; si in forma gratiosa, absolutio directe conceditur poenitenti; si in forma commissoria, Sacra Poenitentiaria mandat confessario electo aut eligendo ut absolvat poenitentem et clausulas iniungat.[15] Rescripti exemplar in forma commissoria affertur a Planchard:[16]

Sacra Poenitentiaria Tibi Confessario ab oratore electo facultatem concedit ipsum oratorem, si ita sit, audita eius sacramentali confessione, ac remota quavis occasione amplius sic peccandi cum dicta complice muliere, a censuris et poenis ecclesiasticis ob praemissa incursis, sacrilegiorum reatibus et excessibus huiusmodi Apostolica Auctoritate absolvendi hac vice in forma Ecclesiae consueta; et cum Eodem super irregularitate ex violatione dictarum censurarum quovis modo contracta, dummodo illa occulta remaneat, eadem Apostolica Auctoritate misericorditer dispensandi. Iniuncta Ei pro modo culparum gravi poenitentia salutari, quodque ab audiendis praefatae complicis mulieris confessionibus in posterum abstineat; aliisque iniunctis de iure iniungendis. Pro foro conscientiae, et in sacramentali confessione tantum. Caeterum si orator aliud absolutionis complicis crimen, quod absit, commiserit, similemque gratiam a Sacra Poenitentiaria obtinuerit, illam Ei nequaquam profuturam intelligat, nisi praesentis gratiae mentionem fecerit, et ita illum moneas. Praesentibus per te sub poena excommunicationis latae sententiae post executionem combustis. Datum Romae in S. Poenitentiaria.

Si rescriptum est in forma gratiosa, gratia, cum clausulis, communicetur poenitenti; si in forma commissoria, executioni mandatur in

[15] De Smet, *op. cit.*, n. 33.

[16] Planchard, *De Constitutione Benedicti Papae XIV Quae Incipit* Sacramentum Poenitentiae *Practica Dissertatio*, ed. III, Engolismae, 1879, p. 16.

actu sacramentalis confessionis, iuxta Rituale Romanum, ante absolutionem peccatorum.

Si poenitens, tamen, non invenitur in periculo mortis, practice semper habetur casus urgentior, ad normam canonis 2254, quia durum esset ei in statu gravis peccati permanere per tempus necessarium ut Superior competens provideat, eo vel magis quod sacerdos haud unquam potest observare censuram exterius sine periculo gravis scandali vel infamiae. In his causis not agit "omnis sacerdos" canonis 884, sed "quilibet confessarius" canonis 2354, confessarius nempe approbatus. Irregularitas autem tolli potest ab Ordinario, ex canone 990, § 1, vel a quolibet confessario, ex canone 990, § 2. Faciendus est recursus, intra mensem, sub poena reincidentiae, sive per poenitentem sive per confessarium. Eaedem formulae adhiberi possunt atque in casu periculi mortis, mutatis tamen mutandis, mentione, verbi gratia, facta de absolutione vel de dispensatione ab irregularitate concessa non in periculo mortis, sed in casu urgentiori, ad normam canonis 2354, § 1, vel canonis 990, § 2.[17]

Clausulae quae apponi solent a Sacra Poenitentiaria sunt:

"a) Antequam Confessarius delegatus Rescriptum exsecutioni mandare valeat, removenda est occasio amplius turpiter peccandi cum persona vel personis complicibus. Propterea occasio voluntaria, qualis in hoc casu ordinarie erit, debet physice removeri, necessaria vero moraliter.

b) Confessarius complex debet complicem suum, si ad ipsum iterum accesserit, de nullitate praeteritarum confessionum monere, eumque ad alium Confessarium non complicem remittere.

c) Idem iubetur ab audiendis personae complicis confessionibus, quantum citra grave scandalum potest, abstinere. Graviter equidem peccaret, si hoc vetitum transgrederetur.

d) Pro frequentia et gravitate lapsuum rigidiores clausulas adhibet Sacra Poenitentiaria; nimirum: 1) iis, qui semel tantum duas per-

[17] Hae quaestiones de absolutione a censuris optime tractantur a Moriarty, *The Extraordinary Absolution from Censures*, The Catholic University of America Canon Law Studies n. 113, The Catholic University of America, Washington, D. C., 1938.

sonas complices, vel unam bis a peccato in re turpi absolvere attentaverint, iniungit ut officium Confessarii curent dimittere; 2) iis vero, qui tres aut plures personas, sive unam ter aut pluries absolvere ausi fuerint, iniungit ut Confessarii officium, quo tantopere abusi sunt, quamprimum poterunt, intra tempus ab absolvente determinandum, dimittant; quod tempus non ultra tres menses, si sunt simplices Confessarii; si autem Parochi, non ultra sex menses protrahere licet. Quodsi ob gravem causam nequeat officium dimittere intra terminum praefixum, Confessarius delegatus iterum recurrat ad Sacram Poenitentiariam, eique rem totam exponat, et interim sacerdos complex abstineat ab audiendis cuiuscumque personae complicis confessionibus. Sacra Poenitentiaria, positis gravibus causis, terminum prorogabit; imo, si post aliquod tempus satis ille emandatus videatur, officium Confessarii servare concedet." [18]

[18] Aertnys-Damen, *op. cit.*, II, n. 407.

CONCLUSIONES

Opusculi auctor, transacto hoc brevi examine de disciplina Ecclesiae circa absolutionem complicis in peccato turpi, sequentes conclusiones profitetur uti validas.

Tenet uti probabilem illam opinionem quae docet iurisdictionem sacerdoti complici ademptam esse a legislatore non in ordine ad complicis personam sed in ordine ad complicitatis peccatum.

Tenet quoque uti probabilem opinionem quae docet confessarii iurisdictionem relate ad peccatum complicitatis ei ademptam esse semper et pro semper, excluso casu periculi mortis, et exclusis casibus a probatis auctoribus admissis ex benigna epikeia, quod attinet ad *directam* peccati complictatis remissionem.

Relictis particularibus, concludit Ecclesiam unum summo studio servare: honorem sacramento poenitentiae debitum. Et hoc multipliciter liquet: poenitens minime punitur, eiusque per legem servantur et salus et fama; poenis certo sancitur confessarius contra legem absolvens, ille tamen solus qui delinquens et contumax procedit. Sollicitudinem autem Ecclesiae erga sacramentum tota disciplina demonstrat: ipsa in primis Constitutio Benedicti XIV "*Sacramentum Poenitentiae*"; numerosae resolutiones Sancti Officii de restrictione iurisdictionis confessarii in complicem; legislatio, iam vetus, de fictione absolutionis; recentiores abusus qui statim opprimebantur, sicuti casus in quo confessarius complicem induxerit ad non confitendum peccatum complicitatis, sive directe sive indirecte, sive ante sive post peccatum patratum; et norma legis in canone 2254, § 3, contenta, secundum quam recursus in hac materia semper est facienda, ut Sancta Sedes et ipsa agat in causa quae tam intime respicit poenitentiae sacramentum.

INDEX BIBLIOGRAPHICUS

Fontes

Acta Apostolicae Sedis, Commentarium Officiale, Romae, 1909—.

Acta et Decreta Sacrorum Conciliorum Recentiorum. Collectio Lacensis, 7 voll., Friburgi Brisgoviae, 1870-1890.

Acta Sanctae Sedis, 41 voll., Romae, 1865-1908.

Codex *Iuris Canonici Pii X Pontificis Maximi iussu digestus Benedicti Papae XV auctoritate promulgatus*, Romae: Typis Polyglottis Vaticanis, 1917.

Codicis Iuris Canonici Fontes cura Emi Petri Card. Gasparri editi, 9 voll. Romae (postea Civitate Vaticana): Typis Polyglottis Vaticanis, 1923-1939; Vol. VII-IX ed. cura et studio Emi Iustiniani Card. Serédi.

Collectanea in usum Secretariae Sacrae Congregationis Episcoporum et Regularium, cura A. Bizzarri, Romae: ex Tipographia Rev. Camerae Apostolicae, 1863.

Collectanea S. Congregationis de Propaganda Fide, 2 voll., Romae: Typographia Polyglotta S. C. de Propaganda Fide, 1907.

Denzinger, Henr., et Bannwart, Clem., et Umberg, Ioan., *Enchiridion Symbolorum, Definitionum, et Declarationum de Rebus Fidei et Morum*, ed. XXII-XXIII, Friburgi Brisgoviae: Herder, 1937.

Harduin, Jean, *Acta Conciliorum et Epistolae Decretales ac Constitutiones Summorum Pontificum*, 12 voll., Parisiis, 1714-1725.

Hartzheim, *Concilia Germaniae*, 11 voll., Coloniae Augustae Agripinensium, 1759-1790.

Iuris Pontificii de Propaganda Fide, cura De Martinis, Romae: ex Typographia Polyglotta S. C. de Propaganda Fide, 7 vol., 1888-1897.

Mansi, J. D., *Sacrorum Conciliorum Nova et Amplissima Collectio*, 53 voll. in 59, Parisiis, 1901-1927.

Auctores

Aertnys-Damen, *Theologia Moralis*, ed. XI, 2 voll., Taurinorum Augustae: Marietti, 1928.

Alphonsus Liguori, Sanctus, *Theologia Moralis*, curavit Mich. Heilig, Parisiis, 1866.

Arregui, A., *Summarium Theologiae Moralis*, ed. XI, Bilbao, 1930.

(Bachofen), Charles Augustine, *A Commentary on the New Code of Canon Law*, 8 voll., ed., V, St. Louis: Herder, 1938.

Berardi, A., *Praxis Confessariorum seu Universae Theologiae Moralis et Pastoralis Tractatus Theoricus-Practicus*, 2 voll., ed. II, Bononiae: ex Typographia Pont. Mareggiani, 1891.

Benedictus XIV, *De Synodo Dioecesana*, 2 voll., Romae, 1783.

Beste, Udalricus, *Introductio in Codicem*, Collegeville, Minn., St. John's Abbey Press, 1938.

Bucceroni, Ianuarius, *Commentarius in Constitutionem Benedicti* "Sacramentum Poenitentiae," Lovanii, 1884.

————, *Commentarii de Constitutionibus Pii IX* "Apostolicae Sedis" *et Benedicti XIV* "Sacramentum Poenitentiae," ed. III, Romae, 1890.

Cappello, F., *Tractatus Canonico-Moralis de Censuris*, ed. III, Taurinorum-Augustae-Romae: Marietti, 1933.

————, *Tractatus Canonico-Moralis de Sacramentis*, 3 voll., in 6, Vol. II, Pars I, ed. III, Taurinorum Augustae-Romae: 1938.

Cerato, P., *Censurae Vigentes*, Patavii, 1918.

————, *De Delicto Sollicitationis*, Patavii, 1922.

Chelodi, I., recognovit Dalpiaz, V., *Ius Poenale et Ordo Procedendi in Iudiciis Criminalibus iuxta Codicem Iuris Canonici*, ed. IV, Tridenti: Libreria Moderna Editrice A. Ardesi, 1935.

Ciolli, *Commentario Practico Delle Censure Latae Sententiae oggidì in vigore nella Chiesa*, ed. IV, Siena, 1884.

Cipollini, A., *De Censuris Latae Sententiae iuxta Codicem Iuris Canonici*, Augustae Taurinorum-Romae: Marietti, 1925.

Coronata, Matthaeus Conte a, *Institutiones Iuris Canonici*, 5 voll., Taurinorum Augustae-Romae: Marietti; Vol. IV, *De Delictis et Poenis*, 1936.

D'Annibale, I., *In Constitutionem* "Apostolicae Sedis" *Qua Censurae Latae Sententiae Limitantur Commentarium*, ed. V, Romae, 1909.

————, *Summula Theologiae Moralis*, 3 voll., ed. V., Romae, 1908.

De Smet, A., *Tractatus de Casibus Reservatis necnon de Sollicitatione et Absolutione Complicis*, Brugis, 1914.

————, *De Absolutione Complicis et Sollicitatione*, ed. II, Brugis, 1921.

Ferraris, L., *Bibliotheca Canonica Iuridica Moralis Theologica necnon Ascetica Polemica Rubricistica Historica*, 9 vol., Romae, 1885-1899.

Formisano, I., *Commentario sulla Costituzione* "Apostolicae Sedis," Napoli, 1876.

Gury, I., et Ballerini, A., *Compendium Theologiae Moralis*, 2 voll., ed. III, Romae, 1874-1875.

Hefele, Charles, et Leclercq, Henri, *Histoire des Conciles*, 10 voll. in 19, Parisiis: Letouzey et Ané, 1907-1938.

Huguenin, *Constitutionis* "Apostolicae Sedis" *Brevis Explanatio*, Parisiis, 1877.

Iorio, T., *Theologia Moralis*, 3 voll., ed. VI, Neapoli: M. D'Auria, 1940.

Leech, G., *A Comparative Study of the Constitution* "Apostolicae Sedis" *and the Codex Iuris Canonici*, The Catholic University of America Canon Law Studies, n. 15, Washington, D. C.: The Catholic University of America, 1922.

Lega, Michael, *Praelectiones in Textum Iuris Canonici* — *De Delictis et Poenis*, ed. II, Romae, 1910.

Lehmkuhl, Augustinus, *Theologia Moralis*, 2 voll., ed. V, Friburgi-Brisgoviae, 1888.

Merkelbach, B., *Quaestiones de Poenitentiae Ministro eiusque Officiis*, ed. II, Liège: La Pensée Catholique, 1935.

Migne, P. J. *Patrologiae Cursus Completus*, Series Latina, 221 voll., Parisiis, 1858-1864.

————, *Theologiae Cursus Completus*, 28 voll., Parisiis, 1863-1866.

Moriarty, Francis, *The Extraordinary Absolution from Censures*, The Catholic University of America Canon Law Studies, n. 113, Washington, D. C.: The Catholic University of America, 1938.

Murphy, George, *Delinquencies and Penalties in the Administration and Reception of the Sacraments*, The Catholic University of America Canon Law Studies n. 17, Washington, D. C.: The Catholic University of America, 1923.

Noldin, H., *Summa Theologiae Moralis*, 3 voll., ed. XXV-XXVI, cura A. Schmitt, Oeniponte: Rauch, 1938-1939.

————, *De Censuris*, ed. XXXII, cura A. Schonegger, Oeniponte: Rauch, 1938.

Ojetti, B., *Synopsis Rerum Moralium et Iuris Pontificii*, 4 voll., Romae, 1909-1914.

Paglialunga, I., *Il Nuovo Codice Ecclesiastico*, Hortae, 1923.

Pauwels, I., *Tractatus Theologicus de Casibus Reservatis in Dioecesibus Antverpiensi, Buscoducensi, Cameracensi, Coloniensi, Gandavensi, Leodiensi, Mechliniensi, Namurcensi, Ruraemundensi*, Lovanii, 1750.

Pennacchi, Ioseph, *Commentaria in Constitutionem* "Apostolicae Sedis," 2 voll., Romae, 1883.

Pistocchi, Mario, *I Canoni Penali del Codice Ecclesiastico Esposti e Commentati*, Torino-Roma: Marietti, 1925.

Planchard, I., *De Constitutione Benedicti Papae XIV Quae Incipit* "Sacramentum Poenitentiae," ed. III, Engolismae, 1879.

Roberti, Franciscus, *De Delictis et Poenis*, vol. 1, ed. II, Romae: Libreria Pontificii Instituti Utriusque Iuris, 1938.

Salucci, R., *Il Diritto Penale Secondo Il Codice Di Diritto Canonico*, 2 voll., Subiaco, 1926-1930.

Sole, I., *De Delicitis et Poenis*, Romae: Pustet, 1920.

Thesaurus, Carolus, *De Poenis Ecclesiasticis Praxis absoluta et universalis*, nova Romana ed., U. Giraldi, Romae, 1831.

Thomas Aquinas, Sanctus, *Opera Omnia*, cura Fretté-Maré, Parisiis, 1895.

————, *Commentarium in Quatuor Libros Sententiarum*, Parmae, 1858.

Vermeersch, A., et Creusen, J., *Epitome Iuris Canonici*, 3 voll., ed. V-VI, Mechliniae et Romae: Dessain, 1934-1937.

Vilaplana, H., *Enchiridion Canonico-Morale De Confessario ad Inhonesta et Turpia Sollicitante: necnon De Decretis et Constitutionibus Pontificiis ad Hoc Nefarium Crimen Exterminandum Emanatis*, Mexici, 1764.

Wernz, Franciscus, *Ius Decretalium*, 6 voll., ed. II, Romae et Prati, 1906-1913.
Wernz, F., et Vidal, P., *Ius Canonicum*, 7 voll. in 8, Romae: Universitas Gregoriana, 1923-1938.

Periodica

Apollinaris, Romae, 1928—
Archiv für katolisches Kirchenrecht, Innsbruck, 1857-1861; Mainz, 1862—
Collationes Brugenses, Brugis Flandorum, 1896—
Ius Pontificium, Romae, 1921—
Lc Canoniste Contemporain, Parisiis, 1878-1922.
Nouvelle Revue Théologique, Parisiis, 1869—
Perfice Munus, Augustae Taurinorum, 1926—
Periodica de Re Canonica et Morali Utili Praesertim Religiosis et Missionariis, Brugis, 1905—
Theologisch-praktische Quartalschrift, Linz, 1832—

AUCTORIS CURRICULUM VITAE

Leo Jacobus Linahen natus est Marianopoli, Quebec, Canada, die 22 Aprilis, 1910. Scholas elementares ibi frequentavit, et in statu Washington. Disciplinas secundarias complevit Portlandiae, Oregon, et in Seminario Minore Sancti Ioseph a Cupertino, Mountain View, California. Cursus philosophici primo anno transacto apud Seminarium Sancti Patritii, Menlo Park, California, alumnus adscriptus est Collegio Pontificio Statuum Foederatorum Americae Septentrionalis in Urbe; cursum ergo philosophicum maioremque partem disciplinae theologicae perfecit apud aulas Pontificii Athenaei de Propaganda Fide. Ibi licentiatum obtinuit in Theologia anno 1932. Quartum theologiae annum in Pontificio Athenaeo Gregoriano peregit. Auctus sacerdotio in Urbe die 19 Martii, 1933, dioecesim propriam petiit, Portlandensem in Oregon, ubi in cura animarum sex annos explevit, partes interim agens Vice-Cancellarii, posteaqaue Secretarii Revm̃i Archiepiscopi. Gratia eiusdem Ordinarii adscriptus est, anno 1939, alumnus in schola Iuris Canonici Catholicae Universitatis Americae, ubi gradum I.C.B. adeptus est, mense Iunii, 1940, gradum I.C.L. mense Iunii, 1941.

INDEX RERUM ALPHABETICUS

CANON LAW STUDIES

1. Freriks, Rev. Celestine A., C.PP.S., J.C.D., Religious Congregations in Their External Relations, 121 pp., 1916.
2. Galliher, Rev. Daniel M., O.P., J.C.D., Canonical Elections, 117 pp., 1917.
3. Borkowski, Rev. Aurelius L., O.F.M., J.C.D., De Confraternitatibus Ecclesiasticis, 136 pp., 1918.
4. Castillo, Rev. Cayo, J.C.D., Disertacion Historico-Canonica sobre la Potestad del Cabildo en Sede Vacante o Impedida del Vicario Capitular, 99 pp., 1919 (1918).
5. Kubelbeck, Rev. William J., S.T.B., J.C.D., The Sacred Pentitentiaria and Its Relations to Faculties of Ordinaries and Priests, 129 pp., 1918.
6. Petrovits, Rev. Joseph J.C., S.T.D., J.C.D., The New Church Law On Matrimony, X-461 pp., 1919.
7. Hickey, Rev. John J., S.T.B., J.C.D., Irregularities and Simple Impediments in the New Code of Canon Law, 100 pp., 1920.
8. Klekotka, Rev. Peter J., S.T.B., J.C.D., Diocesan Consultors, 179 pp., 1920.
9. Wanenmacher, Rev. Francis, J.C.D., The Evidence in Ecclesiastical Procedure Affecting the Marriage Bond, 1920 (Printed 1935).
10. Golden, Rev. Henry Francis, J.C.D., Parochial Benefices in the New Code, IV-119 pp., 1921 (Printed 1925).
11. Koudelka, Rev. Charles J., J.C.D., Pastors, Their Rights and Duties According to the New Code of Canon Law, 211 pp., 1921.
12. Melo, Rev. Antonius, O.F.M., J.C.D., De Exemptione Regularium, X-188 pp., 1921.
13. Schaaf, Rev. Valentine Theodore, O.F.M., S.T.B., J.C.D., The Cloister, X-180 pp., 1921.
14. Burke, Rev. Thomas Joseph, S.T.D., J.C.D., Competence in Ecclesiastical Tribunals, IV-117 pp., 1922.
15. Leech, Rev. George Leo, J.C.D., A Comparative Study of the Constitution, "Apostolicae Sedis" and the "Codex Juris Canonici," 179 pp., 1922.
16. Motry, Rev. Hubert Louis, S.T.D., J.C.D., Diocesan Faculties According to the Code of Canon Law, II-167 pp., 1922.
17. Murphy, Rev. George Lawrence, J.C.D., Delinquencies and Penalties in the Administration and Reception of the Sacraments, IV-121 pp., 1923.
18. O'Reilly, Rev. John Anthony, S.T.B., J.C.D., Ecclesiastical Sepulture in the New Code of Canon Law, II-129 pp., 1923.

19. Michalicka, Rev. Wenceslas Cyrill, O.S.B., J.C.D., Judicial Procedure in Dismissal of Clerical Exempt Religious, 107 pp., 1923.
20. Dargin, Rev. Edward Vincent, S.T.B., J.C.D., Reserved Cases According to the Code of Canon Law, IV-103, pp., 1924.
21. Godfrey, Rev. John A., S.T.B., J.C.D., The Right of Patronage According to the Code of Canon Law, 153 pp., 1924.
22. Hagedorn, Rev. Francis Edward, J.C.D., General Legislation on Indulgences, II-154 pp., 1924.
23. King, Rev. James Ignatius, J.C.D., The Administration of the Sacraments to Dying Non-Catholics, V-141 pp., 1924.
24. Winslow, Rev. Francis Joseph, A.F.M., J.C.D., Vicars and Prefects Apostolic, IV-149 pp., 1924.
25. Correa, Rev. Jose Servelion, S.T.L., J.C.D., La Potestad Legislativa de la Iglesia Catolica, IV-127 pp., 1925.
26. Dugan, Rev. Henry Francis, A.M., J.C.D., The Judiciary Department of the Diocesan Curia, 87 pp., 1925.
27. Keller, Rev. Charles Frederick, S.T.B., J.C.D., Mass Stipends, 167 pp., 1925.
28. Paschang, Rev. John Linus, J.C.D., The Sacramentals According to the Code of Canon Law, 129 pp., 1925.
29. Pointek, Rev. Cyrillus, O.F.M., S.T.B., J.C.D., De Indulto Exclaustrationis necnon Saecularizationis, XIII-289 pp., 1925.
30. Kearney, Rev. Richard Joseph, S.T.B., J.C.D., Sponsors at Baptism According to the Code of Canon Law, IV-127 pp., 1925.
31. Bartlett, Rev. Chester Joseph, A.M., LL.B., J.C.D., The Tenure of Parochial Property in the United States of America, V-108 pp., 1926.
32. Kilker, Rev. Adrian Jerome, J.C.D., Extreme Unction, V-425 pp., 1926.
33. McCormick, Rev. Robert Emmett, J.C.D., Confessors of Religious, VIII-266 pp., 1926.
34. Miller, Rev. Newton Thomas, J.C.D., Founded Masses According to the Code of Canon Law, VII-93 pp., 1926.
35. Roelker, Rev. Edward G., S.T.D., J.C.D., Principles of Privilege According to the Code of Canon Law, XI-166 pp., 1926.
36. Bakalarczyk, Rev. Richardus, M.I.C., J.U.D., De Novitiatu, VIII-208 pp., 1927.
37. Pizzuti, Rev. Lawrence, O.F.M., J.U.L., De Parochis Religiosis, 1927. (Not printed).
38. Bliley, Rev. Nicholas Martin, O.S.B., J.C.D., Altars According to the Code of Canon Law, XIX-132 pp., 1927.
39. Brown, Mr. Brendan Francis, A.B. LL.M., J.U.D., The Canonical Juristic Personality with Special Reference to Its Status in the United States of America, V-212 pp., 1927.

40. Cavanaugh, Rev. William Thomas, C.P., J.U.D., The Reservation of the Blessed Sacrament, VIII-101 pp., 1927.
41. Doheny, Rev. William J., C.S.C., A.B., J.U.D., Church Property: Modes of Acquisition, X-118 pp., 1927.
42. Feldhaus, Rev. Aloysius H., C.PP.S., J.C.D., Oratories, IX-141 pp., 1927.
43. Kelly, Rev. James Patrick, A.B., J.C.D., The Jurisdiction of the Simple Confessor, X-208 pp., 1927.
44. Neuberger, Rev. Nicholas J., J.C.D., Canon 6 or the Relation of the Codex Juris Canonici to the Preceding Legislation, V-95 pp., 1927.
45. O'Keefe, Rev. Gerald Michael, J.C.D., Matrimonial Dispensations, Powers of Bishops, Priests and Confessors, VIII-232 pp., 1927.
46. Quigley, Rev. Joseph A.M., A.B., J.C.B., Condemned Societies, 139 pp., 1927.
47. Zaplotnik, Rev. Johannes Leo, J.C.D., De Vicariis Foraneis, X-142 pp., 1927.
48. Duskie, Rev. John Aloysius, A.B., J.C.D., The Canonical Status of the Orientals in the United States, VIII-196 pp., 1928.
49. Hyland, Rev. Francis Edward, J.C.D., Excommunication, Its Nature, Historical Development and Effects, VIII-181 pp., 1928.
50. Reinmann, Rev. Gerald Joseph, O.M.C., J.C.D., The Third Order Secular of Saint Francis, 201 pp., 1928.
51. Schenk, Rev. Francis J., J.C.D., The Matrimonial Impediments of Mixed Religion and Disparity of Cult, XVI-318 pp., 1929.
52. Coady, Rev. John Joseph, S.T.D., J.U.D., A.M., The Appointment of Pastors, VIII-150 pp., 1929.
53. Kay, Rev. Thomas Henry, J.C.D., Competence in Matrimonial Procedure, VIII-164 pp., 1929.
54. Turner, Rev. Sidney Joseph, C.P., J.U.D., The Vow of Poverty, XLIX-217 pp., 1929.
55. Kearney, Rev. Raymond, A., A.B., S.T.D., J.C.D., The Principles, of Delegation, VII-149 pp., 1929.
56. Conran, Rev. Edward James, A.B., J.C.D., The Interdict, V-163 pp., 1930.
57. O'Neil, Rev. William H., J.C.D., Papal Rescripts of Favor, VII-218 pp., 1930.
58. Bastnagel, Rev. Clement Vincent, J.U.D., The Appointment of Parochial Adjutants and Assistants, XV-257 pp., 1930.
59. Ferry, Rev. William A., A.B., J.C.D., Stole Fees, V-135 pp., 1930.
60. Costello, Rev. John Michael, A.B., J.C.D., Domicile and Quasi-domicile, VII-201 pp., 1930.
61. Kremer, Rev. Michael Nicholas, A.B., S.T.B., J.C.D., Church Support in the United States, VI-1930.

62. Angulo, Rev. Luis, C.M., J.C.D., Legislation de la Iglesia sobre la intencion en la application de la Santa Misa, VII-104 pp., 1931.

63. Frey, Rev. Wolfgang Norbert, O.S.B., A.B., J.C.D., The Act of Religious Profession, VIII-174 pp., 1931.

64. Roberts, Rev. James Brendan, A.B., J.C.D., The Banns of Marriage, XIV-140 pp., 1931.

65. Ryder, Rev. Raymond Aloysius, A.B., J.C.D., Simony, IX-151 pp., 1931.

66. Campagna, Rev. Angelo, Ph.D., J.U.D., Il Vicario Generale del Vescovo, VII-205 pp., 1931.

67. Cox, Rev. Joseph Godfrey, A.B., J.C.D., The Administration of Seminaries, VI-124 pp., 1931.

68. Gregory, Rev. Donald J., J.U.D., The Pauline Privilege, XV-165 pp., 1931.

69. Donohue, Rev. John F., J.C.D., The Impediment of Crime, VII-110 pp., 1931.

70. Dooley, Rev. Eugene A., O.M.I., J.C.D., Church Law On Sacred Relics, IX-143 pp., 1931.

71. Orth, Rev. Raymond Clement, O.M.C., J.C.D., The Approbation of Religious Institutes, 171 pp., 1931.

72. Pernicone, Rev. Joseph M., A.B., J.C.D., The Ecclesiastical Prohibition of Books, XII-267 pp., 1932.

73. Clinton, Rev. Connell, A.B., J.C.D., The Paschal Precept, IX-108 pp., 1932.

74. Donnelly, Rev. Francis B., A.M., S.T.L., J.C.D., The Diocesan Synod, VIII-125 pp., 1932.

75. Torrente, Rev. Camilo, C.M.F., J.C.D., Las Processiones Sagradas, V-145 pp., 1932.

76. Murphy, Rev. Edwin J., C.PP.S., J.C.D., Suspension Ex Informata Conscientia, XI-122, pp., 1932.

77. Mackenzie, Rev. Eric F., A.M., S.T.L., J.C.D., The Delict of Heresy in its Commission Penalization, Absolution, VII-124 pp., 1932.

78. Lyons Rev. Avitus E., S.T.B., J.C.D., The Collegiate Tribunal of First Instance, XI-147 pp., 1932.

79. Connolly, Rev. Thomas A., J.C.D., Appeals, XI-195 pp., 1932.

80. Sangmeister, Rev. Joseph V., A.B., J.C.D., Force and Fear as Precluding Matrimonial Consent, V-211 pp., 1932.

81. Jaeger, Rev. Leo A., A.B., J.C.D., The Administration of Vacant and Quasi-vacant Episcopal Sees in the United States, IX-229 pp., 1932.

82. Rimlinger, Rev. Herbert T., J.C.D., Error Invalidating Matrimonial Consent, VII-79 pp., 1932.

83. Barrett, Rev. John D.M., S.S., J.C.D., A Comparative Study of the Third Plenary Council of Baltimore and the Code, IX-221 pp., 1932.

84. Carberry, Rev. John J., Ph.D., S.T.D., J.C.D., The Juridical Form of Marriage, X-177 pp., 1934.
85. Dolan, Rev. John L., A.B., J.C.D., The Defensor Vinculi, XII-157 pp., 1934.
86. Hannan, Rev. Jerome D., A.M., S.T.D., LL.B., J.C.D., The Canon Law of Wills, IX-517 pp., 1934.
87. Lemieux, Rev. Delisle A., A.M., J.C.D., The Sentence in Ecclesiastical Procedure, IX-131 pp., 1934.
88. O'Rourke, Rev. James J., A.B., J.C.D., Parish Registers, VII-109 pp., 1934.
89. Timlin, Rev. Bartholomew, O.F.M., A.M., J.C.D., Conditional Matrimonial Consent, X-381 pp., 1934.
90. Wahl, Rev. Francis X., A.B., J.C.D., The Matrimonial Impediments of Consanguinity and Affinity, VI-125 pp., 1934.
91. White, Rev. Robert J., A.B., LL.B., S.T.B., J.C.D., Canonical Ante-Nuptial Promises and the Civil Law, VI-152 pp., 1934.
92. Herrera, Rev. Antonio Parra, O.C.D., J.C.D., Legislation Ecclesiastica sobra el Ayuno y la Abstinencia, XI-191 pp., 1935.
93. Kennedy, Rev. Edwin J., J.C.D., The Special Matrimonial Process in Cases of Evident Nullity, X-165 pp., 1935.
94. Manning, Rev. John J., A.B., J.C.D., Presumption of Law in Matrimonial Procedure, XI-111 pp., 1935.
95. Moeder, Rev. John M., J.C.D., The Proper Bishop for Ordination and Dismissorial Letters, VII-135 pp., 1935.
96. O'Mara, Rev. William A., A.B., J.C.D., Canonical Causes For Matrimonial Dispensations, IX-155 pp., 1935.
97. Reilly, Rev. Peter, J.C.D., Residence of Pastors, IX-81 pp., 1935.
98. Smith, Rev. Mariner T., O.P., S.T.L., J.C.D., The Penal Law For Religious, VII-169 pp., 1935.
99. Whalen, Rev. Donald W., A.M., J.C.D., The Value of Testimonial Evidence in Matrimonial Procedure, XIII-297 pp., 1935.
100. Cleary, Rev. Joseph F., J.C.D., Canonical Limitations on the Alienation of Church Property, VIII-141 pp., 1936.
101. Glynn, Rev. John C., J.C.D., The Promoter of Justice, XX-337 pp., 1936.
102. Brennan, Rev. James H., S.S., A.M., S.T.B., J.C.D., The Simple Convalidation of Marriage, VI-135 pp, 1937.
103. Brunini, Rev. Joseph Bernard, J.C.D., The Clerical Obligations of Canons, 139 and 142, X-121 pp., 1937.
104. Connor, Rev. Maurice, A.B., J.C.D., The Administrative Removal of Pastors, VIII-159 pp., 1937.
105. Guilfoyle, Rev. Merlin Joseph, J.C.D., Custom, XI-144 pp., 1937.
106. Hughes, Rev. James Austin, A.B., A.M., J.C.D., Witnesses in Criminal Trials of Clerics, IX-140 pp., 1937.

107. Jansen, Rev. Raymond J., A.B., S.T.L., J.C.D., Canonical Provisions for Catechetical Instruction, VII-153 pp., 1937.

108. Kealy, Rev. John James, A.B., J.C.D,, The Introductory Libellus in Church Court Procedure, XI-121 pp., 1937.

109. McManus, Rev. James Edward, C.SS.R., J.C.D., The Administration of Temporal Goods in Religious Institutes, XVI-196 pp., 1937.

110. Moriarity, Rev. Eugene James, J.C.D., Oaths in Ecclesiastical Courts, X-115 pp., 1937.

111. Rainer, Rev. Eligius George, C.SS.R., J.C.D., Suspension of Clerics, XVII-249 pp., 1937.

112. Reilly, Rev. Thomas F., C.SS.R., J.C.D., Visitation of Religious, VI-195 pp., 1938.

113. Moriarty, Rev. Francis E., C.SS.R., J.C.D., The Extraordinary Absolution from Censures, XV-334 pp., 1938.

114. Connolly, Rev. Nicholas P., J.C.D., The Canonical Erection of Parishes, X-132 pp., 1938.

115. Donovan, Rev. James Joseph, J.C.D., The Pastor's Obligation in Prenuptial Investigation, VII-322 pp., 1938.

116. Harrigan, Rev. Robert J., M.A., S.T.B., J.C.D., The Radical Sanation of Invalid Marriages, VIII-208 pp., 1938.

117. Boffa, Rev. Conrad Humbert, J.C.D., Canonical Provisions for Catholic Schools, VII-211 pp., 1939.

118. Parsons, Rev. Anscar John, O.M. Cap., J.C.D., Canonical Elections, XII-236 pp., 1939.

119. Reilly, Rev. Edward Michael, A.B., J.C.D., The General Norms of Dispensation, X-156 pp., 1939.

120. Ryan, Rev. Gerald Aloysius, A.B., J.C.D., Principles of Episcopal Jurisdiction, XII-172 pp., 1939.

121. Burton, Rev. Francis James, C.S.C., A.B., J.C.D., A Commentary on Canon 1125, X-222 pp., 1940.

122. Miaskiewicz, Rev. Francis Sigismund, J.C.D., Supplied Jurisdiction according to Canon 209, XII-340 pp., 1940.

123. Rice, Rev. Patrick William, A.B., J.C.D., Proof of Death in Prenuptial Investigation, VIII-156 pp., 1940.

124. Anglin, Rev. Thomas Francis, M.S., J.C.D., The Eucharistic Fast, VIII-183 pp., 1941.

125. Coleman, Rev. John Jerome, J.C.D., The Minister of Confirmation, VI-153 pp., 1941.

126. Downs, Rev. John Emmanuel, A.B., J.C.D., The Concept of Clerical Immunity.

127. Esswein, Rev. Anthony Albert, J.C.D., Extrajudicial Penal Powers of Ecclesiastical Superiors, X-144 pp., 1941.

128. Farrell, Rev. Benjamin Francis, M.A., S.T.L., J.C.D., The Rights and Duties of the Local Ordinary Regarding Congregations of Women Religious of Pontifical Approval, V-195 pp., 1941.
129. Feeney, Rev. Thomas John, A.B., S.T.L., J.C.D., Restitution in Integrum, VI-169 pp., 1941.
130. Findlay, Rev. Stephen William, O.S.B., A.B., J.C.D., Canonical Norms Governing the Deposition and Degradation of Clerics.
131. Goodwine, Rev. John, A.B., S.T.L., J.C.D., The Right of the Church to Acquire Property, VIII-119 pp., 1941.
132. Heston, Rev. Edward Louis, C.S.C., PhD., S.T.D., J.C.D., The Alienation of Church Property in the United States, XII-222 pp., 1941.
133. Hogan, Rev. James John, S.T.L., J.C.D., Judicial Advocates and Procurators, VIII-200 pp., 1941.
134. Kealy, Rev. Thomas M. A.B., Litt.B., J.C.D., Dowry of Women Religious, IX-152 pp., 1941.
135. Keene, Rev. Michael James, O.S.B., J.C.D., Religious Ordinaries and Canon 198.
136. Kerin, Rev. Charles A., S.S., M.A., S.T.B., J.C.D., The Privation of Christian Burial, XVI-279 pp., 1941.
137. Louis, Rev. William Francis, M.A., J.C.L., Diocesan Archives, X-101 pp., 1941.
138. McDevitt, Rev. Gilbert Joseph, A.B., J.C.L., Legitimacy and Legitimation.
139. McDonough, Rev. Thomas Joseph, A.B., J.C.D., Apostolic Administrators.
140. Meier, Rev. Carl Anthony, A.B., J.C.D., Penal Administrative Procedure Against Negligent Pastors, XI-240 pp., 1941.
141. Schmidt, Rev. John Rogg, A.B., J.C.D., The Principles of Authentic Interpretation in Canon 17 of the Code of Canon Law, XII-331 pp., 1941.
142. Slafkosky, Rev. Andrew eLonard, A.B., J.C.D., The Canonical Episcopal Visitation of the Diocese, X-197 pp., 1941.
143. Swoboda, Rev. Innocent Robert, O.F.M., J.C.D., Ignorance in Relation to the Imputability of Delicts, IX-271 pp., 1941.
144. Dubé, Rev. Arthur Joseph, A.B., J.C.D., The General Principles for the Reckoning of Time in Canon Law. VIII-299 pp., 1941.
145. McBride, Rev. James T., A.B., J.C.D., Incardination and Excardination of Seculars., XX-585 pp., 1941.
146. Król, Rev. John J., J.C.L., The Defendant in Contentious Trials, IX-207 pp., 1942.
147. Comyns, Rev. Joseph J., C.SS.R., J.C.L., The Papal and Episcopal Administration of Church Property.
148. Barry, Rev. Garrett Francis, O.M.I., J.C.L., Violation of the Cloister.

149. Bolduc, Rev. Gatien, C.S.V., A.B., S.T.L., J.C.L., Les études dans les religions cléricales.
150. Boyle, Rev. David John, M.A., J.C.L., The Juridic Effects of Moral Certitude on Pre-Nuptial Guarantees.
151. Canavan, Rev. Walter Joseph, M.A., Litt.D., J.C.L., Profession of Faith.
152. Desrochers, Rev. Bruno, A.B., Ph.L., S.T.B., J.C.L., Le Premier Concile Plénier de Québec et le Code de Droit Canonique.
153. Dillon, Rev. Robert Edward, A.B., J.C.L., Common Law Marriage.
154. Dodwell, Rev. Edward John, Ph.D., S.T.B., J.C.L., The Time and Place for the Celebration of Marriage.
155. Donnellan, Rev. Thomas Andrew, A.B., J.C.L., The Obligation of the Missa pro Populo.
156. Eltz, Rev. Louis Anthony, A.B., JC.L., Cooperation in Crime.
157. Gass, Rev. Sylvester Francis, M.A., J.C.L., Ecclestiastical Pensions.
158. Guiniven, Rev. John Joseph, C.SS.R., J.C.L., The Precept of Hearing Mass on Sundays and Holy Days of Obligation.
159. Gulczynski, Rev. John Theophilus, J.C.L., The Desecration and Violation of Churches.
160. Hammill, Rev. John Leo, M.A., J.C.L., The Obligations of the Traveler according to Canon 14.
161. Haydt, Rev. John Joseph, A.B., J.C.L., Reserved Benefices.
162. Huser, Rev. Roger John, O.F.M., A.B., J.C.L., The Crime of Abortion in Canon Law.
163. Kearney, Rev. Francis Patrick, A.B., S.T.L., J.C.L., The Principles of Canon 1127.
164. Linahen, Rev. Leo James, S.T.L., J.C.L., De Absolutione Complicis in Peccato Turpi.
165. McCloskey, Rev. Joseph Aloysius, A.B., J.C.L., The Subject of Ecclesiastical Law according to Canon 12.
166. O'Neill, Rev. Francis Joseph, C.SS.R., J.C.L., The Dismissal of Religious in Temporary Vows.
167. Prince, Rev. John Edward, A.B., S.T.B., J.C.L., The Diocesan Chancellor.
168. Riesner, Rev. Albert Joseph, C.SS.R., J.C.L., Apostates and Fugitives from Religious Institutes.
169. Stenger, Rev. Joseph Bernard, J.C.L., The Mortgaging of Church Property.
170. Waldron, Rev. Joseph Francis, A.B., J.C.L., The Minister of Baptism.
171. Willett, Rev. Robert Albert, J.C.L., The Probative Value of Documents in Ecclesiastical Trials.
172. Woeber, Rev. Edward Martin, M.A., J.C.L., The Interpellations.

www.ingramcontent.com/pod-product-compliance
Lightning Source LLC
LaVergne TN
LVHW050202080826
844660LV00012B/337

* 9 7 8 0 8 1 3 2 2 3 5 3 7 *